*Für Gunilla,
die geliebte Lebensgefährtin*

Aus dem Schwedischen von Maike Barth

VOM GLÜCK
ZU ALT ZU SEIN,
UM JUNG
ZU STERBEN

109 NEUE HILFREICHE UND
HUMORVOLLE RATSCHLÄGE
FÜR GLÜCKLICHE RENTNER

DAG SEBASTIAN AHLANDER

Lifestyle
**BUSSE
SEEWALD**

Impressum

Für die deutsche Ausgabe:
Übersetzung: Maike Barth, Husum
Lektorat: Stephan Thomas, München
Satz und Covergestaltung: Arnold und Domnick, Leipzig
Produktmanagement: Christine Rauch
Druck und Bindung: Livonia Print SIA, Lettland

© Lifestyle BusseSeewald in der frechverlag GmbH,
Turbinenstraße 7, 70499 Stuttgart, 2017

Die schwedische Originalausgabe erschien 2014 unter
dem Titel *Tänkebok för glada gubbar* bei Bonnier Fakta.

Copyright: © Dag Sebastian Ahlander 2014
Foto Titelseite: Fabian af Petersens
Illustration: Suzanne Wennberg

Seite 75
Gedicht aus: Carl Michael Bellman. *Fredmans Episteln*. „Von
Liebeslust und Qual und dem vollen Pokal". Epistel Nr. 27. Aus
dem Schwedischen von Klaus-Rüdiger Utschick. München 1998,
2010 (Anacreon-Verlag)

1. Auflage 2017

ISBN: 978-3-7724-7460-6 • Best.-Nr. 7460

ZU NEUEN HORIZONTEN

WIR IN DEN 1940ER-JAHREN Geborenen haben unserer Lebensspanne fast ein ganzes Menschenleben hinzugefügt. Schwedische Männer werden heute im Durchschnitt 80 Jahre alt und mehr als jemals zuvor werden 85 oder sogar 90 Jahre. Wir sind im Wirtschaftsboom der Nachkriegsjahre groß geworden und können jetzt die wärmenden Strahlen der untergehenden Sonne genießen.

Unsere Generation ist zahlenmäßig so stark, dass sie alles verändert hat, was ihr begegnet ist. Schon allein durch unsere Anzahl erschaffen wir eine neue Altersgruppe, die „Jüngeren Alten", so wie wir in unserer Jugend die Teenagerkultur begründet haben. Nein, das Greisenalter muss warten! Es ist offensichtlich, dass die Gesellschaft altert, weil wir altern – so viele sind wir. Ebenfalls offensichtlich ist, dass wir Älteren in vielen Bereichen gebraucht werden, um gesellschaftliche Funktionen aufrechtzuerhalten.

Wir Älteren machen einen immer größeren Anteil der Wählerschaft aus und beeinflussen damit die Politik. Anders als noch vor zehn Jahren wird heute kein Rentner mehr gezwungen, mit 65 Jahren aus der Politik auszuscheiden. Wir sitzen in den Vorständen der meisten Vereine und leisten einen Großteil der ehrenamtlichen Arbeit. Wir stellen einen überproportional großen Anteil der Kleinunternehmer außerhalb der Großstädte. Die ländlichen Regionen wären ohne uns ausgestorben.

Wir Älteren geben auch immer größere Summen für Dienstleistungen aller Art aus: Reisen, Erlebnisse, Kultur, Pflege – und beeinflussen damit die Konsumgewohnheiten, sowohl die privaten als auch die der öffentlichen Hand: Es gibt viele Gründe für die sinkenden Verkaufszahlen von Autos.

DIE POLITIKER SAGEN, wir müssten länger arbeiten, vielleicht sogar bis zum Alter von 75 Jahren, da andernfalls die Renten nicht mehr sicher seien. Bei uns in Schweden wird ein neues Rentenalter eingeführt, das Normalter, das laufend der durchschnittlichen Lebenserwartung in unserem Land angepasst wird. Bald arbeiten wir bis zum 70. Lebensjahr.

Die meisten wollen aber nicht länger arbeiten, jedenfalls nicht am alten Arbeitsplatz und nicht in Vollzeit. Wir wollen die Arbeit an unsere eigenen Vorstellungen und Interessen anpassen. So können wir uns nützlich machen und gleichzeitig gut leben.

Der römische Philosoph und Staatsmann Cicero schrieb:

„Das Alter wird nur geachtet, wenn es nach Respekt strebt, wenn es sein Recht behauptet, Abhängigkeiten vermeidet und bis zum letzten Atemzug die Herrschaft über sich selbst ausübt."

Das Alter ist kein Sonderinteresse, es betrifft uns alle.

VIELE KÖNNEN SICH durchaus vorstellen, projektbasiert und ehrenamtlich zu arbeiten – aber eben zu unseren eigenen Bedingungen und keinesfalls in Vollzeit. Wir müssen uns nicht mehr profilieren. Wir brauchen auch niemanden mehr zu beneiden. Die meisten von uns wollen sich neuen Interessengebieten widmen, die tiefere Einsichten und erweiterte Perspektiven ermöglichen, die uns innere Ruhe schenken und uns zu weiseren Menschen machen.

Glückliche Rentner streben nach Balance und Weitsicht, was sie selbst und die Welt als Ganzes betrifft. Wir lernen nicht mehr für das Leben, sondern leben für den Augenblick. Es ist wichtig, bewusst und in vollen Zügen zu leben. Wir wollen kein ungelebtes Leben zurücklassen.

WER JETZT 65 WIRD, kann damit rechnen, noch 18 Jahre zu leben. Das bedeutet, dass die meisten von uns auf ein ziemlich langes Leben hoffen können. Für viele sind die Jahre zwischen 65 und 80 die besten ihres Lebens. Erst danach beginnt das wirklich hohe Alter. Das bedeutet, dass noch viel vor uns liegt, worauf wir uns freuen können.

Älter zu werden bedeutet, in eine andere Phase überzutreten, vom Selbst zur Seele, und ein bisschen Weisheit zu erlangen. Du verlierst etwas, gewinnst dafür aber etwas anderes.

Mit dem Alter stellt sich nicht automatisch Weisheit ein. Du musst sie suchen, in der Philosophie, der Natur, in den Künsten oder der Religion. Das Ziel ist nicht mehr Ausbildung, sondern Bildung und Balance.

Indem wir uns selbst aus der Perspektive der Ewigkeit betrachten, werden wir alle zu Zeitgenossen und können mit Homer und Montaigne auf Augenhöhe verkehren. So erweitert sich unser ideeller Freundeskreis genau in dem Moment, in dem unsere realen Freunde beginnen wegzusterben. Das erleichtert uns die letzte Wegstrecke.

DER MENSCH IST das einzige Lebewesen, das sich seiner eigenen Sterblichkeit bewusst ist. Das empfinden viele als beunruhigend. Der Mensch ist aber auch das einzige Lebewesen, das Humor hat und über sich selbst lachen kann. Das macht vieles leichter.

Unsere Sterblichkeit ist ein Antrieb zu handeln, wirklich etwas aus unserem einzigen Leben zu machen. Das Wichtigste ist deshalb, nicht schon im Leben tot zu sein, sondern wirklich lebendig zu sein, wenn wir sterben.

Wir brauchen die Unterstützung derer, die vor uns gelebt und unterschiedliche Lebensanschauungen formuliert haben, die uns Freude und Trost geben können. Ich habe deshalb 109 hilfreiche und humorvolle Gedanken in diesem Buch gesammelt. Nun gilt es, jeden glücklichen Tag zu preisen und alle anderen zu vergessen!

Den Sinn des Lebens finden wir wahrscheinlich weder in der Wissenschaft noch in der Religion, sondern in uns selbst. Unterschiedliche Menschen haben zu unterschiedlichen Zeitpunkten unterschiedliche Antworten gefunden. Meine eigene Lebenseinstellung enthält etwas von allem, was ich im Laufe der Zeit aufgelesen habe: kluge Worte und Besserwisserisches, beruhend auf eigenen und fremden Erfahrungen. Auf diesem Gebiet gibt es keine Experten. Deine Gedanken dazu sind genauso viel wert wie meine.

„Wo die Wissenschaft endet, fängt Gott an", sagte Einstein.

Das finde ich tröstlich.

„Ich habe manchmal tiefsinnig gedacht, doch selten mit Vergnügen, fast immer widerwillig und gleichsam dazu gezwungen", sagte Rousseau.

Dem schließe ich mich an.

ALS RENTNER, Pensionäre, Senioren, Greise oder alte Knacker sind wir vom Arbeitsleben zum immerwährenden Urlaub übergewechselt. Das ist ziemlich viel Zeit – und vieles, auf das wir uns freuen können. Man könnte fast von einer Erntezeit sprechen.

Das ist nicht für alle Männer leicht. Ein großer Teil unseres Lebens war darauf ausgerichtet zu planen, Leistung zu bringen und voranzukommen, und weniger darauf, das Erreichte zu genießen. Wir waren von Erwartungen geleitet, unseren eigenen ebenso wie denen anderer Menschen, und nicht alle sind mit dem Resultat zufrieden. Viele haben sich mit Lebenslügen und Wunschdenken getröstet. Niemand geht unversehrt durchs Leben. Und jetzt stehen wir hier ohne klare Tagesordnung, mit mehr Zeit zur eigenen Verfügung als jemals zuvor.

Der große Unterschied ist, dass wir jetzt selbst wählen dürfen, dass wir uns ein neues

Leben vor dem Tod erschaffen können. Genau darum geht es bei unserer neuen Freiheit.

MAN GEHT DAVON AUS, dass ein Drittel aller männlichen Rentner zufrieden ist, ein Drittel unzufrieden und ein Drittel resigniert. Die Resignierten haben es am schwersten. Einige könnten vielleicht noch durch einen Weckruf zu sich kommen. Die Unzufriedenen sind aktiver und darum auch eher bereit, ihr Leben zu ändern – vorausgesetzt, sie haben sich nicht hinter unüberwindbaren Verteidigungslinien verschanzt, was leider ziemlich viele ältere Menschen tun.

Um zufriedener zu werden, müssen wir einen Schlussstrich unter alten Kummer ziehen. Wir wissen im tiefsten Innern ganz genau, warum die Dinge sich so entwickelt haben, wie sie heute sind, was uns wiederum das Verständnis unserer selbst und auch den Veränderungsprozess erleichtern sollte.

Das alles setzt voraus, dass wir eine Reise in unser Inneres unternehmen, um herauszufinden, wer wir wirklich sind und was wir vom Rest unseres Lebens erwarten. Oft wünschen wir uns neue Einsichten und Erlebnisse. Unser Leben wird länger, wenn wir es mit interessanten Inhalten füllen. Selbst aktiv zu sein, führt dazu, dass uns viele neue, unbekannte Dinge begegnen.

Auch als Rentner müssen wir nach vorn schauen und die Zukunft gestalten. Aber wir brauchen kein schlechtes Gewissen mehr zu haben oder uns um alles zu kümmern. Jetzt können wir guten Gewissens nur noch das sehen und hören, was wir wollen.

DER MODERNE MENSCH stellt hohe Ansprüche an das Leben, höhere als jemals zuvor. Das sollten wir Älteren ebenfalls tun. So schreibt ein moderner Psychologe:

„Akzeptieren Sie es nicht, wenn Ihnen das Dasein grau erscheint. Man kann vom Leben verlangen, dass es Spaß macht und Schwung hat. Dafür ist jeder selbst verantwortlich."

DAS GESUNDE GEHIRN besitzt große Plastizität und erneuert sich bis ins hohe Alter. Die Gehirnströme bei aktiven Rentnern ähneln denen jüngerer Menschen, wurde in einer Studie herausgefunden. Ein 20-Jähriger und ein 80-Jähriger können sich durchaus bei der Lösung derselben Fragestellungen miteinander messen. Dagegen kann ein 80-Jähriger nicht so schnell laufen wie ein 20-Jähriger. Konzentrieren wir uns also lieber auf unsere Stärken!

Wir übersehen nur allzu leicht, dass das Vergessen von Details auch eine positive Seite hat, nämlich die Fähigkeit, das Ganze zu sehen, die großen Linien wahrzunehmen. Daran sollten wir arbeiten! Wir haben also keinen Grund zur Klage. Nein, die Menschen sind nicht zu bemitleiden, wie August Strindberg sagte. Jedenfalls noch nicht, nicht du und ich.

Früher stand man mitten im Leben, bis man starb. Durch die Einführung der gesetzlichen Altersrente hat sich das gesamtgesellschaftlich geändert. Hier passt der alte Ausdruck „Ich habe mich ins Privatleben zurückgezogen" wirklich wie angegossen.

FRÜHER WAREN ZEITEN des Glücks eher die Ausnahme als die Regel. Das Leben bestand aus Krankheiten und Unglücksfällen, die unablässig sowohl Alte als auch Junge, Arme wie Reiche trafen. Enttäuschungen waren ein selbstverständlicher Bestandteil des Lebens. Die meisten Menschen hatten chronische Schmerzen. Man biss die Zähne zusammen und machte weiter. Man durfte einfach niemals aufgeben.

Früher spendete die Religion Trost. Je schwerer einem das Erdenleben wurde, desto besser würde es einem im Himmel ergehen, im Leben nach dem Tod. Heute verlangen viele das Himmelreich schon auf Erden und sind enttäuscht, wenn die Gesellschaft es ihnen nicht liefert.

Wir sind bequem geworden und haben uns an ein Leben ohne materielle Not gewöhnt. Vielleicht ginge es uns besser, wenn wir uns der Tatsache bewusster wären, dass das Leben sowohl Höhe- als auch Tiefpunkte kennt. Der größte Vorteil einer solchen Einstellung wäre, dass wir uns dann wirklich über all das Gute freuen würden, das uns hier im Leben widerfährt.

„Dankbarkeit ist das Gedächtnis des Herzens." (Jean-Baptiste Massillon)

Wir sollten nicht vergessen, dass Glück sehr viel damit zu tun hat, wie wir unser Leben anpacken. Dafür trägt jeder selbst die Verantwortung. Wenn du dein Leben wirklich ernsthaft in Angriff nimmst, löst sich auch der Kloß in der Brust, und die Leere in der Seele verschwindet. Das Leben ist so unendlich viel interessanter als der Tod.

Manchmal ist uns schrecklich langweilig, aber auch das hat einen Sinn:

„Gerade durch Langeweile kann man viel von und über sich selbst lernen", konstatierte der Dichter Gunnar Ekelöf, während gelangweilte Jugendliche oft fragen:

„Gibt es ein Leben vor dem Tod?"

Der Betrachtungswinkel trennt die Generationen voneinander.

RENTNER ZU SEIN ist wie Fahrradfahren. Wer sich langweilt, hat das Gefühl, sich auf einem Heimtrainer abzuarbeiten. Wer Spaß hat, befindet sich auf einer aufregenden Reise. Es ist deine Entscheidung.

109 Gedanken für die weitere Reise

1

DAS IST DOCH ALLES NICHTS WERT

Das höre ich manchmal von älteren Männern. Doch das ist nicht wahr. Du musst nur die Augen offen halten und dich auf die schönen Dinge in deinem Leben konzentrieren. Wenn man älter wird, ist alles Gold, was glänzt – genau wie damals, als wir noch Jungen waren. Der Junge lebt im glücklichen Rentner weiter, ja, man könnte sagen, das Kind ist der Vater des Mannes.

Also leg los und warte nicht länger. Du selbst bist der Einzige, der weiß, was du wirklich möchtest. Wir haben uns aus der Erwerbsarbeit verabschiedet, nicht aus dem Leben.

„Wo Leben ist, ist Hoffnung", sagt man.

Das Leben kennt keine Sackgassen. Also geh, hüpf, renn oder lauf einfach weiter. So wurde aus mir ein glücklicher Rentner. Wir entscheiden selbst, wohin die Reise geht. Lass deine Vergangenheit nicht den Rest deines Lebens bestimmen – und vergiss nicht, dass es Dinge gibt, die besser ungetan bleiben.

Mach es dir auch nicht zu kompliziert. Manchmal reicht es schon, mit dem Hund spazieren zu gehen oder es sich einfach mit einer Zeitung und einer Tasse Kaffee gemütlich zu machen.

„Es ist schön, alt zu werden. Jung zu sein war einfach grauenhaft."

HJALMAR SÖDERBERG

2

ES IST NIE ZU SPÄT

„Ich bin jetzt 70, da ist es zu spät, mein Leben noch zu ändern", höre ich jemanden sagen.

Nein, dafür ist es nie zu spät. Du kannst natürlich nicht genauso weiterleben wie früher, als du noch jünger warst. Es gibt keinen Weg zurück – aber mehrere Wege, die dich weiterbringen. Sokrates lernte mit 60 sowohl das Zitherspiel als auch das Tanzen. Warte nur nicht auf den perfekten Augenblick, denn der wird niemals kommen.

„On s'engage, et puis on voit." Man stürzt sich in den Kampf, und dann sieht man weiter, wie Napoleon sagte.

Schwedens ehemaliger Außenminister Hans Blix drückte es an seinem 85. Geburtstag so aus:

„Ich bin schon so oft in den Ruhestand getreten, dass ich es bestimmt nicht noch einmal tun werde."

Jeder Tag trägt die Zukunft in sich, denn zum Lernen ist niemand zu alt.

Darum nutze den Tag! „Carpe diem!", lautet die weise Aufforderung des römischen Dichters Horaz.

3

DIE SCHWEDEN WERDEN AM ÄLTESTEN

Schweden hat bald die höchste Lebenserwartung der Welt. Dass es Gegenden gibt, in denen man besser und gesünder lebt als anderswo und wo die Menschen sehr alt werden, war schon bekannt. Doch ist es vielen sicher neu, dass auch die schwedische Provinz Småland dazugehört, mit dem Ort Markaryd als Epizentrum. Einen besseren Standortfaktor kann ich mir nicht vorstellen!

Wir anderen müssen uns mit den Worten des römischen Philosophen Seneca trösten: „Wichtig ist nicht, wie lange man lebt, sondern wie gut man lebt."

4

VOM WERT ALTER MENSCHEN

„Wenn alte Sachen so wertvoll sind, warum sind alte Menschen dann nicht wertvoll?", möchte eines meiner Enkelkinder wissen. Ich muss lächeln. Das ist eben die große Frage. In diesem Punkt haben die Menschen in Orient und Okzident völlig unterschiedliche Auffassungen.

„Wie hoch ist Ihr ehrfurchtgebietendes Alter?", fragen jüngere Chinesen ihre älteren Mitbürger, während unsere Senioren alles tun, um ihr wahres Alter zu verbergen.

Doch kann man weise werden, ohne auch alt zu werden? „Die Jugend hat ein schönes Gesicht, das Alter eine schöne Seele", lautet ein schwedisches Sprichwort, das freilich selbst schon viele Jahre auf dem Buckel hat.

Und Cicero schrieb: „Jeder möchte alt werden, aber niemand möchte alt sein."

In Spanien klingt das schon besser. Dort wird der Ruhestand *Jubilación* genannt und der Rentner *Jubilado*. Doch was nützt einem das, wenn die Wirtschaft zusammengebrochen ist?

Ich selbst möchte am liebsten zu einer neuen Ingroup gehören, den „Fabulous Older People" oder kurz FOP.

5

„DAS MACHEN WIR IM NÄCHSTEN LEBEN"

... sagen meine Frau und ich immer, wenn uns wieder mal etwas einfällt, was wir noch machen möchten, bevor das Leben vorbei ist. Diese Aussage dient uns als freundliche Umschreibung dafür, dass uns nicht mehr viel Zeit bleibt und wir die Dinge mit Bedacht auswählen müssen, auf die wir uns konzentrieren, während wir den Rest, ja, aufs nächste Leben verschieben.

Manchmal benutze ich auch den Ausdruck „in meinem früheren Leben" und meine damit die Zeit vor meiner Scheidung. Das hilft mir, die Phase nach der Scheidung, durch die mir viele Jahre verloren gegangen sind, auszublenden. Wo Licht ist, ist auch Schatten.

6

DURCH KRANKHEITEN ERKENNEN WIR DEN WERT DES LEBENS

„Das Leben ist gut zu mir gewesen!", sage ich oft, denn so empfinde ich es, wenn ich mir vor Augen halte, wie viel es gibt, wofür ich dankbar sein kann. „Aber dabei vergisst du doch all deine Krankheiten, den Krebs, das Herz, die Hüfte!"

Nein, das tue ich nicht, denn ihnen verdanke ich neue Einsichten in den wahren Wert des Lebens sowie den Willen, nicht so schnell aufzugeben. Wer noch nie krank war, hat sich selbst noch nicht wirklich kennengelernt.

„Es gibt zwei Arten, sein Leben zu leben", sagte Albert Einstein, „entweder so, als wäre nichts ein Wunder, oder so, als wäre alles ein Wunder."

7

LACHEN VERLÄNGERT DAS LEBEN

Neulich im Zug saß ich zwei älteren, mir unbekannten Damen gegenüber.

„Ich wusste nicht, ob ich lachen oder weinen sollte", sagte die eine zur anderen.

„Ich finde, dann sollten Sie lieber lachen", sagte ich.

Nach dieser überraschenden Bemerkung eines Fremden entstand eine kurze Pause.

Dann lachten wir alle drei.

„Die absurde Handlung, die Revolte, ist die ständige Anwesenheit des Menschen bei sich selbst."
ALBERT CAMUS

8

FURCHT
EMPFINDEN

An einem grauen Januartag in den 1960er-Jahren las ich in Robert Musils *Der Mann ohne Eigenschaften* die folgenden Zeilen:

„… als ob die Türe ihres Salons aufgesprungen wäre und an die Schwelle schlüge wie eine Fortsetzung seines Fußbodens das unendliche Meer."

Mich schauderte.

Das Bild fasziniert mich bis heute, denn es vermittelte mir eine plötzliche Ahnung von Furcht, davon, wie es sein könnte, allein vor seinem Schöpfer zu stehen, wie es früher hieß.

Zwei Jahre lang durfte ich an weltpolitischen Großereignissen teilhaben. Als der Kommunismus in der Sowjetunion zusammenbrach und Estland, Lettland und Litauen sich von der sowjetischen Fremdherrschaft befreiten, war ich Generalkonsul in Leningrad, Tallinn, Riga und Vilnius.

Jeden Morgen beim Aufwachen empfand ich Furcht. Die Ereignisse, an denen ich teilhatte, waren sehr viel größer als ich selbst und meine kleine Familie, ja, sie waren überhaupt das Größte, was während unseres ganzen Lebens in der schwedischen Außenpolitik geschah. Es war wie der Zusammenstoß zweier Kontinentalplatten. Wir hätten dabei ebenso gut vernichtet werden können, denn niemand konnte wissen, ob beziehungsweise wann die Rote Armee oder der Geheimdienst KGB zurückschlagen würde.

9

SCHLIESS FRIEDEN MIT DIR SELBST

Im Laufe unseres Lebens haben wir alle uns Mythen über uns selbst zurechtgelegt, die uns halfen, Schwierigkeiten und Hindernisse zu überwinden, oder die uns motivierten und trösteten. Jetzt ist es an der Zeit, diese Mythen auszurangieren, damit sie nicht mehr durch unsere Träume geistern. Je älter und klüger wir werden, desto mehr alte Trugbilder zerbröckeln.

Neid, Wut und Kummer rauben dem Leben Farbe und Kraft und lassen es verdorren. Wir müssen uns nicht von unserem früheren Leben distanzieren, doch wir sollten es verändern, zum Beispiel indem wir uns mit Freunden umgeben, die uns guttun. Lasst uns deshalb ein bisschen großzügiger mit uns selbst umgehen und unsere Probleme in einem freundlicheren Licht sehen. Dann sind sie leichter zu lösen.

Fröhlichere Menschen finden außerdem fröhlichere Freunde und Bekannte. Es ist leichter, mit einem glücklichen Rentner zu leben als mit einem griesgrämigen. Vergiss nicht, dass der Optimist gut sieben Jahre länger und glücklicher lebt als der Pessimist – obwohl beide auf ihre Art recht haben können.

Es spricht also alles dafür, den Versuch zu wagen!

10

SCHLIESS FRIEDEN MIT ANDEREN

Wenn wir älter werden, ist es wichtig, alte Konflikte hinter uns zu lassen und uns mit all denjenigen Menschen zu versöhnen, mit denen wir uns versöhnen können. Je älter wir werden, desto unsinniger wird es, unsere toten Eltern zum Sündenbock zu machen. Mittlerweile wissen wir selbst, wie schwer es ist, viele Bälle gleichzeitig in der Luft zu halten. Einige fallen herunter, andere nicht.

Carl von Linné führte ein Notizbuch, das er *Nemesis Divina* nannte – Gottes ausgleichende Gerechtigkeit. Darin hielt er penibel fest, wann seine Feinde vom lieben Gott mit Krankheiten, Misserfolgen und Tod geschlagen wurden.

Das ist keine gute Idee.

Verdrängte Konflikte führen oft zu Spannungen, die den Blutdruck in die Höhe treiben und das Immunsystem schwächen. Zur Ruhe zu kommen, ist daher auch eine Art Gesundheitsvorsorge. „Let bygones be bygones." – Lass die Vergangenheit Vergangenheit sein.

Sich zu versöhnen bedeutet nicht, Kränkungen aus der Vergangenheit ewig wiederzukäuen, sondern die unterschiedlichen Sichtweisen der Beteiligten auf vergangene Ereignisse anzuerkennen und den Blick auf die Zukunft zu richten. Sogar mit Menschen, die bereits gestorben sind, können wir uns noch versöhnen, indem wir allmählich unser Bild von ihnen verändern und ihnen einen Platz in unserer Erinnerung einräumen, aus der sie so lange ausgeschlossen waren.

Ein sehr wohltuender Prozess, wie ich selbst bezeugen kann.

11

STREBE NACH WEISHEIT

Das Einzige, wonach wir Älteren streben sollten, ist ein wenig Weisheit. Nur sie kann uns Erkenntnisse vermitteln, die die letzten Jahre lebenswert machen. Nur sie kann die Angst vor dem Tod lindern.

Weisheit bedeutet die Befreiung vom Unwesentlichen und die Konzentration auf das Wesentliche, eine Bewegung weg vom Körper und hin zur Seele, weg von mir selbst und hin zum großen Ganzen.

So ordnen wir unser Leben in ein größeres Narrativ ein, das Sinn und Befriedigung verleiht. Ein Muster wird sichtbar und wir können den roten Faden und unser wahres Ich finden.

Das setzt den Mut voraus, niemand Besonderes sein zu wollen, sondern nur man selbst. Eine heilsame Übung.

12

„DU BIST HALT EIN GLÜCKSPILZ!"

Das bekomme ich oft zu hören, seit mein Buch *Das Leben ist vor dem 12. und nach dem 65. Lebensjahr am besten* erschienen ist.

Nein, ich bin kein Glückspilz, aber ich habe in den letzten Jahren viel an mir gearbeitet. Weil ich aufmerksam bin und mich selbst fordere, merke ich es mittlerweile auch, wenn ich scheitere. Dann kann ich mich sammeln und wieder von vorne anfangen.

Es ist besser, die Latte hoch zu legen und zu scheitern, als erst gar keine Erwartungen an sich selbst zu stellen.

Früher fürchteten die Menschen Gottes Urteil. Heutzutage fürchten wir eher das Urteil unserer Mitmenschen: Bin ich gut genug, ist meine Karriere gut genug?

Gott urteilt, der Mensch *verurteilt*. Schließlich steht man vor einer zunehmenden Anzahl derartiger Fragen, die nichts als Frustration und Unsicherheit erzeugen.

13

DAS LEBEN IST
WIE EIN TANZ

Weisheit stellt sich mit dem Alter nicht
automatisch ein, schon gar nicht in unserer
jugendlichen, modebewussten und ständig nach
Neuem gierenden Gesellschaft. Weisheit ver-
langt, dass du dich etwas mehr um deine Seele
und etwas weniger um die Bedürfnisse deines
Körpers kümmerst – also genau das Gegenteil
des heutigen flüchtigen Ideals. Sie verlangt eine
Vertiefung in *Humaniora*, der in der griechischen
Antike wurzelnden humanistischen Bildung,
damit die Seele Nahrung erhält und unsere
Erfahrungen Struktur und Perspektive bekommen.
So kommen Kunst, Literatur und Musik zu ihrem
Recht, denn in ihnen setzt sich der Mensch mit

den Bedingungen seiner Existenz und seinem Platz im Dasein auseinander.

Die Voraussetzung dafür ist, dass du dich etwas weniger mit dir selbst beschäftigst. Dann verstummt der unaufhörliche Redestrom unseres ständigen Begleiters, der inneren Stimme, und wir können das Dasein intensiv erleben. Im Idealfall ist das Leben wie ein Tanz: Wir genießen es und haben unseren Spaß, aber wir erreichen dabei kein Ziel.

Das ist echtes Glück – aber natürlich muss man sich auch trauen, jemanden aufzufordern.

14

WEISHEIT ALS SELBSTZWECK

Die Weisheit befreit uns von dem Stress, immer mit allem Schritt halten zu müssen, immer auf dem neuesten Stand zu sein und in jedem Konflikt Stellung zu beziehen, zu Hause oder in der Welt. Ältere weise Herren stürmen nicht blindlings drauflos und wollen auch nicht mit dem Kopf durch die Wand.

Die Weisheit gestattet uns nach einem langen Leben auch ein wenig Müßiggang und schenkt uns sowohl die Befriedigung, die man nach einem vollbrachten Tagewerk empfindet, als auch die Freude daran, einfach im Garten zu faulenzen oder im Sonnenuntergang zu meditieren. „Tidelipom", würde Puh der Bär sagen. Und meine afrikanischen Freunde würden es „unter dem Palaverbaum sitzen" nennen.

„Ich fühle mich ziemlich müde, auf eine angenehme Art", sagte Alice Munroe, als sie 2013 den Nobelpreis erhielt.

„Dieser Tag ein Leben", um Thomas Thorild, einen schwedischen Poeten des 18. Jahrhunderts, zu zitieren, der wiederum oft von Herrn Melcher in Astrid Lindgrens *Ferien auf Saltkrokan* zitiert wird.

Wir jagen viel zu oft Trugbildern nach und kämpfen gegen Windmühlen.

Weisheit setzt voraus, dass man sich in seiner eigenen Gesellschaft wohlfühlt.

Jeder von uns muss seinen eigenen Weg zur Weisheit finden.

„Ich suchte den Frieden in der Weisheit, aber ich fand das Vergessen in der Natur."

ALEXEJ TOLSTOJ

Das Beste ist: Die Natur hat immer geöffnet.

15

HÜTE DICH VOR DEM HOCHMUT DES ALTERS

„Es ist schön zu wissen, dass man immer recht gehabt hat", sagte eine alte Dame während einer Abendeinladung.

Wir alle verstummten.

Wenn du glaubst, du seist der Einzige mit Durchblick und Verstand, kann das gefährlich werden. Versuch so eine Entwicklung frühzeitig zu stoppen, indem du nicht in allem von dir selbst ausgehst. Hör lieber zu, ohne zu urteilen und zu verurteilen, und betrachte nicht immer alles Neue und Fremde mit Misstrauen und Furcht.

„Du brauchst nicht alles aufzuessen, aber du musst es probieren, damit du weißt, wovon du sprichst", haben wir immer zu unseren Kindern gesagt, als sie klein waren.

Das Gleiche gilt für uns Alte.

„Let's not argue about facts", sagen die Amerikaner in Situationen, in denen man nur das Handy zu zücken und etwas zu googeln braucht, um sich Antworten zu holen und damit sinnlose Diskussionen abzukürzen. In diesem Punkt hat die technische Entwicklung die Spielregeln völlig über den Haufen geworfen. Es wird immer schwieriger, seine Irrtümer zu zementieren. Das ist gut für uns.

16

IM ALTER WERDEN
WIR EINSAMER

Wenn wir das selbst so wollen, ist es gut.
Andernfalls kann es belastend sein. Ich selbst
habe Glück gehabt: Als Einzelkind habe ich
in eine Familie mit vielen Kindern und Enkeln
eingeheiratet.

Heute tobt das Leben um mich herum. Das
gefällt mir – solange ich meine Ruhe habe!

17

UNS ALLEN TUT ES GUT, EINEN GANG RUNTERZUSCHALTEN

Unser Herz arbeitet das ganze Leben lang ohne Pause. Unsere Hirnzellen senden ihre Impulse mit einer Geschwindigkeit von 300 Stundenkilometern. Oft arbeiten sie im Leerlauf in unseren Köpfen. Die Gedanken flackern, das Herz klopft und der Kehle entschlüpft ein Keuchen.

Wenn das nächste Mal jemand seine Probleme bei dir ablädt, versuch es einmal mit diesem Experiment. Frag einfach ganz unverblümt: „Hast du jetzt in diesem Moment ein Problem?"

In 95 Prozent der Fälle ist die Antwort verneinend oder ausweichend. Dann könnt ihr euch beide entspannen und bei erfreulicheren Gesprächsthemen einen netten Abend verleben.

Aus meinen Jahren in Russland erinnere ich mich mit Wärme an den alten Brauch, sich immer zusammenzusetzen, bevor jemand abreist. Die Zeit bleibt für einen Moment stehen. Plötzlich sitzen wir alle einfach dort in der Diele, im *Kirschgarten* oder in unserer Wohnung in St. Petersburg und denken und schweigen gemeinsam.

Das ist ein angenehmer Tempowechsel, der Gefühle von Frieden und Gemeinschaft auslöst. Herz und Hirn dürfen entschleunigen.

„Wenn man langsamer fährt, kommt man weiter", besagt ein russisches Sprichwort.

Man kann in solchen alten Sprichwörtern und Traditionen viel Lebensweisheit finden.

18

CHAOS IST NAHE
BEI GOTT

Vielen Menschen reicht es nicht, Weisheit zu erlangen. Sie sehnen sich außerdem nach Trost.

Deshalb spielt die Religion so eine wichtige Rolle. Die Schwedische Kirche ist in unserer spezialisierten Gesellschaft der Seelenexperte. Vieles verändert sich, und da gibt es einem ein Gefühl von Sicherheit, sich an überkommene Lehren zu halten, die nicht hinterfragbar sind, weil sie außerhalb der Welt der Vernunft stehen. Was religiöse Menschen Gebet nennen und Atheisten Kuscheldecke, bezeichne ich selbst lieber als Meditation. Sie kann uns zu unserer notwendigen inneren Sammlung verhelfen.

Die Grenze zwischen Trost und Selbstgerechtigkeit verläuft jedoch auf einem schmalen Grat. Vieles Böse in der Welt verursachen Menschen, die davon überzeugt sind, dass ihre eigenen Werte richtig und die aller anderen falsch sind. Je wichtiger die Rolle wird, die die Religion in unserer Gesellschaft spielt, desto stärker wird paradoxerweise auch die Kultur des Hasses. Abschreckende Beispiele dafür finden wir in den Religionskriegen im 17. Jahrhundert und in den Radio- und Fernsehnachrichten der Gegenwart.

„Gott ist tot!", riefen im 20. Jahrhundert viele mit Nietzsche. Ich bin mir da nicht mehr so sicher und möchte mir diese Tür offenhalten, nicht aus taktischen Gründen, sondern weil ich es wirklich nicht weiß. Unumstößliche Überzeugungen taugen nicht in Fragen des Glaubens und der Lebensanschauung. Ich jedenfalls ziehe ein lauwarmes Christentum jedem flammenden Fanatismus vor.

Die meisten Schweden würden sicher unserem Hofpoeten Johan Henrik Kellgren zustimmen, der schon im 18. Jahrhundert schrieb: „Glauben ist für die meisten Menschen dasselbe, wie nicht mehr darüber nachzudenken."

Die Grenze zwischen Wissenschaft und Glauben wird zunehmend durchlässiger. Im Sommer 2012 fanden Forscher der Europäischen Organisation für Kernforschung CERN in Genf vermeintlich das sogenannte Higgs-Teilchen, auch Gottesteilchen genannt. Es soll die Explosionen ausgelöst haben, durch die das Universum entstanden ist und damit letztendlich auch wir Menschen.

Das Leben ist wahrlich fantastisch!

19

PHILOSOPHIE IST EINE
ART DES DENKENS

Philosophie ist kein Wissen, das man sich durch intensives Studium aneignet, sondern eine Art des Denkens und Fragens, die einen im besten Fall klüger macht. Sokrates, der 400 Jahre vor unserer Zeitrechnung auf Athens Straßen wandelte, wird als der erste Philosoph in der Geschichte des Abendlands bezeichnet, weil er die Frage stellte, wie der Mensch ein gutes Leben führen kann.

„Die Antwort finden wir in der Ideenwelt", behauptete sein Schüler Platon, der eine Schule gründete, die er Akademie nannte.

„Nein, die Antwort liegt in der uns umgeben-den Natur", entgegnete Platons Schüler Aristoteles im Lykeion, einem dem Apollon Lykeios geweihten Hain, in dem er lehrte.

Ich glaube mehr Aristoteles als Platon, aber am meisten doch Nietzsche: Das Entscheidende ist die Realität unserer Sinne. Der große Kampf in unserem Leben ist laut Nietzsche der gegen unsere eigene Trägheit, Bequemlichkeit und Passivität. Erst nachdem wir diesen Kampf durchgestanden haben, erhalten wir die Macht über unser Ich, die Kraft, Leiden zu erdulden, und die Fähigkeit, uns am Leben zu erfreuen. In dieser Fähigkeit zur Selbstbestimmung sollten sich alle älteren Menschen üben. Erst dann wird man ein wirklich glücklicher Rentner.

„Zu wissen, dass man nichts weiß, ist echte Weisheit", fasst ein altes schwedisches Sprichwort die Sache ganz im Geist von Sokrates zusammen.

Der soll übrigens auch gesagt haben: „Wie viele Dinge gibt es doch, die ich nicht brauche!"
Wie wahr. Alter schützt vor Torheit, nicht?

20

LERN VON
EPIKUR

Epikur, der führende Stoiker, gründete
eine eigene philosophische Schule im Kepos,
dem Garten in dem er seine wachsende An-
hängerschaft versammelte. Der Grundgedanke
seiner Philosophie besteht darin, einfach, aber
gut zu leben, die Gesellschaft anderer zu
genießen und alle Ärgernisse zu vergessen.
Sich über etwas aufzuregen, das wir doch nicht
beeinflussen können, wäre völlig sinnlos.

Epikur war auch der Meinung, dass das Alter
der Höhepunkt des Lebens sei, den man nutzen
und genießen sollte. Angenehme Gesellschaft
beim Essen sei dabei wichtiger als die Mahlzeit
selbst.

Im Stoizismus geht es im Prinzip darum, in jeder Lage die Ruhe zu bewahren, indem man akzeptiert, dass es vieles gibt, was man sowieso nicht beeinflussen kann, und worauf also auch keine Zeit verschwendet werden soll.

Jeder, der lernen wollte, war in Epikurs Garten willkommen, sowohl Männer als auch Frauen, unabhängig von ihrer sozialen Stellung. Klingt das nicht großartig?

So möchte ich auch meinen eigenen Garten gern sehen: Rosen, Apfelbäume, eine Tasse Tee und ein gutes Buch, meine Frau, meine Töchter, ein Freund, ein Glas Wein und ein Nickerchen. Dann habe ich alles, was ich brauche.

Epikur hatte auch keine Angst vor dem Tod: „Mit dem Tod habe ich nichts zu schaffen. Bin ich, ist er nicht. Ist er, bin ich nicht."

Der Anspruch der monotheistischen Religionen, die Wahrheit für sich gepachtet zu haben, hat viel Unglück in der Welt verursacht. Auch das erspart einem der Stoizismus.

Willkommen in meinem Garten!

21

VERTIEF DICH IN DIE SCHÖNEN KÜNSTE

Es gibt nicht die eine richtige Antwort auf die großen Fragen nach dem Leben und dem Tod. Deswegen können Kunst, Musik und Literatur für uns sowohl Hilfe als auch Trost sein. Vielleicht nennt man sie deswegen auch die schönen Künste. Bei ihnen geht es nicht um Ausbildung, sondern um Bildung, um die Fähigkeit, sich zu freuen und das große Ganze zu erfassen. Das könnte für viele von uns im Alter zu unserem großen Projekt werden.

Alle unsere Vorfahren haben Ähnliches erlebt wie wir, und einige verewigten das in

ihrem künstlerischen, musikalischen und litera-
rischen Schaffen.

Sie können uns helfen, uns selbst in einem
größeren Zusammenhang zu sehen. Das wäre
der erste Schritt zu ein wenig Weisheit. Das
Leben besteht doch wohl nicht nur aus Alkohol,
Sex und Geld, wie es die schwedischen Medien
uns täglich vorgaukeln?

„Ich schreibe für den Teil von mir, den
ich mit anderen Menschen gemeinsam habe",
schrieb der schwedische Dichter Gunnar Ekelöf.

So spricht ein wahrer Humanist.

22

DAS GANZE IST
MEHR ALS DIE SUMME
SEINER TEILE

Das Leben geht weiter und mit jeder
Generation passt sich der Mensch besser an die
Anforderungen der Zukunft an. Ich beobachte,
dass meine Kinder auf den meisten Gebieten
cleverer sind als ich – der digitale Graben
verläuft ungefähr zwischen denjenigen, die
heute 50 Jahre und älter sind, und den Jüngeren.
Obwohl sie unsere Gene geerbt haben und
von uns erzogen worden sind, haben sie auf
viele Fragen einen ungetrübteren Blick als wir,
was ihnen neue Gedanken und Perspektiven
eröffnet. Sie haben hoffentlich das Beste von uns
mitbekommen. Die eine Generation steht auf den

Schultern der vorherigen. Das Ganze ist oft mehr als die Summe seiner Teile. Gott sei Dank.

Mit jeder neuen Generation befreit sich die Gesellschaft von Vorurteilen und beschränkten Denkweisen aus früheren Epochen. Und das ist ein Glück, denn wie sollten wir sonst die alten Nazis und Kommunisten loswerden, ganz zu schweigen von engstirnigen Sozialdemokraten und den schwedischen Konservativen von Anno dazumal?

23

WERTE
WANDELN SICH

Mit jeder Generation gewinnen neue Werte an Bedeutung. Eine Untersuchung hat jüngst gezeigt, dass die bisher in Schweden als am wichtigsten eingeschätzten Werte

1) Gesundheit
2) Weltfrieden
3) Ehrlichkeit
4) Freiheit
5) familiäre Geborgenheit

an Popularität verloren haben, während die fünf neuen Werte

1) ein angenehmes Leben

2) ein genussvolles Leben

3) ein aufregendes Leben

4) Gleichberechtigung und

5) (da ist sie schließlich doch noch!) Weisheit

am schnellsten an Beliebtheit gewinnen.

24

UNSER
WELTBILD
IST VERALTET

Ich bin in den Jahren zwischen 1951 und 1963 zur Schule gegangen. Fast nichts von dem, was ich damals gelernt habe, ist heute noch aktuell. Ich habe wahrscheinlich mehr mit Julius Cäsar gemeinsam als mit heutigen Schulkindern. Meine Generation war die letzte, die seinen *Gallischen Krieg* auf Latein gelesen hat.

Unser Weltbild wurde vom Kalten Krieg geprägt. Der Zusammenbruch der Sowjetunion war das große Ereignis in unserem Leben, und ich hatte das Glück, dabei zu sein. Das bedeutet aber auch, dass mein Weltbild heute mindestens 25 Jahre zu alt ist.

Was ist bloß aus unseren Träumen geworden? Die meisten wurden nie verwirklicht – ich bin zum Beispiel weder Straßenbahnfahrer in Uppsala noch Senator im amerikanischen Kongress geworden. Stattdessen bin ich vielen anderen Dingen nachgegangen, genau wie du.

„Life is what happens to you when you're busy making other plans", sang John Lennon: Leben ist, was passiert, während du noch Pläne schmiedest.

25

UNSERE KINDER UND ENKEL LEBEN IN EINER ANDEREN GESELLSCHAFT

Wir in den 1940er-Jahren Geborenen wuchsen in einer stabilen und homogenen Gesellschaft auf. Unsere Kinder und Enkel müssen jedoch für das Leben in einer ganz anderen Gesellschaft gerüstet sein. Sie bewegen sich nur scheinbar auf demselben Terrain wie du und ich. Kein Wunder, dass die Kluft zwischen den Generationen breiter wird.

Wir haben zwar keine gemeinsame Zukunft, aber noch können wir die gemeinsame Gegenwart teilen. Ich finde, das ist ein schöner Gedanke.

Eins weiß ich mit Sicherheit: Es ist nicht akzeptabel, dass die Medien versuchen, uns ältere Männer pauschal zu Unpersonen zu erklären und uns aus der sozialen Gemeinschaft auszustoßen. Das erinnert an Stalins Methode, Menschen aus der Zeit vor der Revolution zu brandmarken. Man will aus uns offenbar so schnell wie möglich *Tote alte Männer* machen, um einen schwedischen Buchtitel zu zitieren.

Den Fehdehandschuh nehme ich auf!

Aus diesen Gründen sind die Generationen einander manchmal fremd, besonders wenn wir glauben, wir wüssten immer noch alles besser. Das Beste, was wir tun können, ist, uns unsere Neugier zu bewahren und Schritt zu halten, so lange es geht – kurz gesagt: die Jüngeren bei jeder Begegnung mit neuen Ideen zu überraschen. Nur so gewinnen wir ihre Anerkennung.

Nicht nur der Wald braucht Verjüngungsflächen.

Sich weiterentwickeln

26

DENK IMMER DARAN, WIE VIEL ES GIBT, WORÜBER DU DICH FREUEN KANNST

Schau in den Spiegel und sieh das Gute!

Du siehst dein Gesicht, den Teil deines Körpers, mit dem du all die Jahre der Welt entgegengetreten bist und der Spuren aller deiner Begegnungen trägt. Mein Spiegel zeigt jetzt einen älteren Mann, der zusammen mit einer wunderbaren Frau ein gutes Leben geführt, mit ihr tolle Kinder bekommen, viel und gut gegessen und guten Bourgogne getrunken hat. Jedes ausgefallene Haar und jede einzelne Falte – oder sind das Rallyestreifen? – ist eine Erinnerung an ein langes und gutes Leben.

Ja, das Leben ist nicht nur ein Spiel, sondern auch ein Himmel voller Geigen, wie die Illustrierten in unserer Jugend zu schreiben pflegten.

So kann man es sehen, und so sollte man es auch sehen – um seiner selbst willen.

Wenn ich mir selbst in einem Krankenhausspiegel begegne, hebe ich die Hand zum Gruß und sage: „Hallo, mein Alter, da sind wir wieder!" oder „Auf in die nächste Runde!"

Ein Tag ohne Lächeln ist ein verlorener Tag.

Mit ein bisschen Fantasie kann ich hinter meinem Spiegelbild den Greis erkennen, der ich einmal sein werde. Er erfüllt mich mit banger Erwartung. Meine größte Befürchtung ist, dass ich ein langweiliger Opa für meine Enkelkinder werden könnte, zu alt und unbeweglich, um einen quecksilbrigen Dreijährigen bändigen zu können.

27

SOLANGE DU LEBST, KANNST DU DICH ENTWICKELN

Das ist sogar eine Grundbedingung des Lebens. Du brauchst jetzt zwar nicht mehr in der ersten Reihe zu stehen, aber du darfst dich auch nicht auf Klischees berufen. Denk immer erst nach, wenn du Widerspruch oder Kritik anzumelden hast: Ist das wirklich deine Meinung oder nur eines der vielen Klischees, die unter älteren Menschen im Umlauf sind? Und, musst du deine Meinung unbedingt kundtun?

Es hat fast ein ganzes Leben gedauert, bis ich gelernt hatte, dass es interessanter ist, was andere zu sagen haben, als was ich selbst sage. – So ganz überzeugt bin ich davon allerdings immer noch nicht, bittet mich meine Frau zu ergänzen.

28

DIE ALTEN WERDEN MIT JEDER GENERATION JÜNGER

Das ist schon ein kleiner Trost. Es gibt allerdings eine Grenze, die wir nicht überschreiten können. Glücklicherweise weiß niemand, wo genau diese Grenze verläuft. Wir können also nur hoffen. Man möchte schließlich nicht alles wissen.

Ich habe nicht vor, mein Alzheimer-Risiko feststellen zu lassen, nur weil mein Vater an dieser schrecklichen Krankheit gestorben ist. Eine bessere Methode, sich die Lebensfreude zu nehmen, kann ich mir kaum vorstellen. Schließlich kann Alzheimer sowieso nicht geheilt werden.

Ich möchte gern glücklich unwissend sein, bis es so weit ist.

29

SEX?

Dass wir uns jung fühlen, bedeutet nicht, dass wir in jeder Hinsicht jung bleiben. Das Älterwerden bringt viele körperliche Veränderungen mit sich, die manchmal schwer zu akzeptieren sind.

Ich rate dir, deine langjährige etablierte Beziehung lebendig zu erhalten, denn Nähe und Vertrauen sind wichtig, damit das Liebesleben funktioniert. In der Treue zu einer alten Liebe liegt viel Kraft, also bleib im gewohnten Bett im gleichen Zimmer. Wir brauchen Treue, wenn wir gebrechlich werden und auf Unterstützung angewiesen sind. Die Loyalität der Liebe ist der beste Rettungsring im Alter.

Es ist wichtig, sich seine Integrität zu bewahren. Die Medien befördern unablässig die fortschreitende Sexualisierung der Gesellschaft, aber das ist nicht jedermanns Sache. Jeder hat sein eigenes Über-Ich und seinen eigenen Unter-Leib. Alles hat seine Zeit. Es kann sogar eine Erleichterung sein, die Sexualität ausklingen zu lassen. Vergiss nicht, dass das Alter das goldene Zeitalter der Freundschaft ist, die uns auch große Nähe beschert. Eros wird zu Agape, sexuelle zur uneigennützigen nichtgeschlechtlichen Liebe.

Frauen scheinen mehr von ihrer Geschlechtszugehörigkeit geprägt zu sein als Männer. Für viele Frauen ist das Klimakterium die Möglichkeit, den Übergang zu einem „dritten Geschlecht" zu vollziehen, um Simone de Beauvoir zu zitieren, und sich in den Geschlechtergrenzen eine neue Freiheit zu erobern. Diese Freiheit haben die meisten Männer schon immer gehabt, wenn sie es denn wollten. Es ist nie zu spät, der gute Opa oder der Lieblingsonkel der Familie zu werden.

30

FRÜHER WAR NICHT ALLES BESSER

Vor 200 Jahren war Schweden das ärmste Land Europas und die Schweden das ärmste Volk. Die Sterblichkeitsrate war hoch und maßloses Saufen leistete Krankheiten Vorschub.

So sang der schwedische Dichter Bellman über seinen betagten Freund Fredman:

> „Alt ist der Greis, das Uhrwerk läuft ab,
> Zeiger und Stunden nimmer weilen,
> Tod zu dem Glase sein Stundenglas gab
> und umringt die Flasche mit Pfeilen.
> Durstig ich schau meinen Stern, meine Sonn.
> Wandersmann, hör meinen Violon!
> Mowitz, dein Diener muß eilen."
>
> C. M. BELLMAN

Heute können wir uns kaum vorstellen, dass dieser Fredman ein Mann in den Fünfzigern war, dessen Lebenszeit sich schon dem Ende zuneigte. Nach einem langen Leben voller Alkohol, nächtlicher Ausschweifungen und Geschlechtskrankheiten war er aufgezehrt. Nie haben die Schweden so viel getrunken wie zur Zeit Gustavs III., zehnmal mehr als heute. Und nie wurden so viele uneheliche Kinder geboren wie damals. In allen gesellschaftlichen Gruppen war das Familienleben in Auflösung begriffen, und Gewalt war etwas Alltägliches. Viele wurden im Dunkel der Gassen zusammengeschlagen, und die Alten trauten sich nicht aus dem Haus.

Klingt das irgendwie bekannt?

Es gibt nichts Neues unter der Sonne.

31

DIE LAUNEN DES ZEITGEISTS

Doch schon bald sollte in Großbritannien die junge Victoria den Thron besteigen. Und auch in Skandinavien entstand eine neue Welt mit christlichen Erweckungs- und einer wachsenden Abstinenzbewegung. Schließlich zog man sogar den Tischbeinen Beinkleider an, um unsittlichen Gedanken vorzubeugen.

Solche Launen des Zeitgeists sind ebenso faszinierend wie völlig unvorhersehbar. Der Zeitgeist kann eine ganze Generation nach seiner Pfeife tanzen lassen, angefangen beim Skandinavismus in den 1850er-Jahren bis zur Linken in den 1970ern.

Die Frage ist nur, woher der Wind als Nächstes weht. Immer neue und unerwartete Faktoren können die Launen des Zeitgeists auslösen. Vielleicht ist jetzt die Zeit reif für ein bisschen mehr Religion – und „Neumoralismus"? Dann werden wahrscheinlich Alkohol und Pornografie geächtet und Nachtklubs geschlossen. Die private Moral wird womöglich wieder zur öffentlichen Angelegenheit und die Menschen werden zum Rückzug in die eigenen vier Wände gezwungen – und ins Verborgene.

So ist es im Lauf der Geschichte schon häufig gewesen. Unsere zukünftige Königin Victoria von Schweden wartet darauf, dass sie an der Reihe ist. Vielleicht bricht dann eine neue Zeit an, wie schon so oft vorher.

32

DU ENTSCHEIDEST SELBST, OB DU ÄLTER WERDEN WILLST

Forschungsergebnisse deuten darauf hin, dass unser Alterungsprozess zu ungefähr 25 Prozent von den Erbanlagen bestimmt wird, zu 25 Prozent von der Umwelt und zu 50 Prozent von unserem Lebensstil. Wir geben also selbst den Rahmen vor, in dem uns die Gene steuern. Eine britische Studie hat versucht, die unterschiedlichen Faktoren, die unsere Lebensdauer beeinflussen, nach Plus und Minus aufzuschlüsseln. Hier einige ermutigende Beispiele:

• Ein Drink pro Tag, alternativ zwei Gläser Wein, verlängern dein Leben um jeweils 30 Minuten. Verdoppelst du aber den Alkoholkonsum, verkürzt du dein Leben um eine Stunde pro Drink beziehungsweise pro zwei Gläser Wein. Das ist wahrlich ein Lobgesang auf das goldene Mittelmaß und wie gemacht für glückliche Rentner.

• Zwei Tassen Kaffee am Tag verlängern dein Leben um jeweils 30 Minuten, größere Mengen verkürzen es.

• Treibst du täglich 20 Minuten lang Sport, gewinnst du jeweils eine Stunde dazu. Was für ein fantastischer Tausch.

• Isst du jedoch rotes Fleisch (85 g), verkürzt du dein Leben um jeweils 30 Minuten.

• Versackst du danach zwei Stunden täglich vor dem Fernseher, verkürzt du dein Leben um weitere 30 Minuten.

• Rauchen ist auf jeden Fall der Königsweg in den Tod: Eine Schachtel Zigaretten verkürzt dein Leben um fünf (!) Stunden.

Viele von uns werden derzeit 80 Jahre und älter. Meine Generation scheint so gesund zu leben, dass sie alle Rekorde bricht.

33

WIR KÖNNEN SOGAR
ZU ALT WERDEN

„Bist du die Tochter von Ingrid Tham?", fragte die alte Dame am Kaffeetisch des Altersheims, wo ich mit meiner 84-jährigen Mutter saß.

Meine Mutter schaute fragend auf.

„Ich bin mit deiner Mutter zur Schule gegangen", erklärte die alte Dame.

Ich staunte. Sie sprach also von meiner Großmutter, die im 19. Jahrhundert geboren worden war, der Mutter meiner alten Mutter neben mir. Mich schwindelte.

Es stellte sich heraus, dass die Dame 104 Jahre alt war. Da saßen wir also, Senioren aus drei Generationen, und tranken Kaffee. Zu Hause hatten wir Kinder und Enkelkinder.

Zusammengenommen lebten fünf Generationen nebeneinander.

Sich nach diesem Erlebnis noch darüber zu beklagen, dass das Leben zu kurz ist, wäre absurd.

So etwas ist allerdings schon früher vorgekommen, wenn wir dem Buch Hiob in der Bibel Glauben schenken dürfen:

„Und Hiob lebte danach 140 Jahre und sah seine Kinder und Kindeskinder bis in das vierte Glied."

Vielleicht sollten wir nächstes Mal doch einen Stopp in Markaryd (siehe Kapitel 3) einlegen.

Nach dem Kaffee drückte mir meine Mutter eine Liste mit sieben Besorgungen in die Hand, die ich in drei verschiedenen Stadtteilen für sie erledigen sollte.

„Aber Mama, ich bin alt, das schaffe ich nicht alles!", erwiderte ich verzweifelt.

Sie sah mich, ihren alten Sohn, verständnislos an. Für unsere Eltern bleiben wir immer Kinder, die kleinen Menschen, denen sie damals den Popo gepudert haben.

Irgendwann müssen wir sterben – um unserer Kinder willen.

Lob der
Vergesslichkeit

34

UM EIN GLÜCKLICHER RENTNER ZU WERDEN, BRAUCHT MAN EIN SCHLECHTES GEDÄCHTNIS

Es ist noch zu früh, um in der Vergangenheit zu leben. Wenn wir unser Leben weiterleben wollen, dürfen wir deshalb nicht aufhören zu vergessen. Wir müssen uns an das Schöne erinnern und alle Fehlschläge und Ärgernisse aus dem Gedächtnis streichen. Schon meine Mutter hat sich wieder und wieder über meine Vergesslichkeit beschwert.

Wenn wir einmal richtig alt sind, werden wir uns jedoch an all die Dinge erinnern, von denen wir vergessen haben, dass wir uns so gut an sie erinnern. Solange wir uns noch an unsere Erinnerungen erinnern, versteht sich!

35

WENN EIN
NAME ENTWISCHT

Manchmal scheine ich geradezu körperlich zu erleben, wie der Prozess des Vergessens abläuft. Wenn ich zum Beispiel einen Namen vergesse, ist es, als ob er wie der Schwanz eines Eichhörnchens am Ende eines Hotelflurs um die Ecke witscht. Das Letzte, was ich sehe, ist der lange rotbraune Schwanz, während gleichzeitig das Echo des vergessenen Namens in meinen Ohren verklingt. Sehr unerquicklich.

Was wohl Mnemosyne, die Göttin der Erinnerung, dazu sagen würde?

36

WENN DIE VERGESSLICHKEIT ZUSCHLÄGT

Jeder ältere Mensch hat Angst, sein Gedächtnis zu verlieren, und hält ständig Ausschau nach Anzeichen dafür. Das Gehirn geht uns sozusagen nicht mehr aus dem Kopf. Namen und bestimmte Details zu vergessen, ist ganz natürlich. Andernfalls würden die Erinnerungen in unserem Alter über sämtliche Ufer treten.

Jüngere Untersuchungen zeigen, das Risiko für Gedächtnisverluste sinkt um 50 Prozent, wenn wir regelmäßig Sport treiben. Wir können also etwas tun.

Unsere Vergesslichkeit stiehlt uns auch wertvolle Zeit vom Rest unseres Lebens. Eine weitere Studie kommt zu dem Ergebnis, dass ältere

Menschen bei der Suche nach Telefonnummern, Namen, Schlüsseln, Brillen und so weiter bis zu einem Monat pro Jahr verlieren.

Wir glücklichen Rentner nennen das Lokal, in dem wir uns regelmäßig zum Mittagessen treffen, nur noch den „Kalksteinbruch".

Ich erinnere mich an einen älteren Bekannten in New York, der erzählte, dass er während eines Spaziergangs im Central Park eine elegante Dame sah, die er sofort wiedererkannte, deren Namen er aber vergessen hatte. Er ging auf sie zu, grüßte freundlich und fragte, ob sie sich schon einmal irgendwo begegnet wären.

„Allerdings, wir waren schon einmal verheiratet", antwortete sie säuerlich.

Das nennt man *Senior Moments*.

Ich gehe in die Küche und bleibe plötzlich stehen. Ich kann mich nicht mehr erinnern, was ich hier wollte. Das ist kein Grund zur Beunruhigung, denn das passiert allen. Wenn du aber in der Küche stehst und nicht weißt, um welchen Raum es sich dabei handelt, hast du ein Problem.

37

WIR ERINNERN UNS UNTERSCHIEDLICH

Begegnungen mit alten Schulkameraden können Überraschungen mit sich bringen, weil wir uns so unterschiedlich erinnern. Vor einigen Jahren traf ich einen Klassenkameraden aus der Realschule. Wir hatten nie viel Kontakt gehabt und unterhielten uns gerade ein wenig über die Schulzeit, als er mich plötzlich unterbrach und sagte:

„Ich muss dir etwas erzählen. Ich werde nie vergessen, wie du aus Amerika in unsere Klasse kamst und erzähltest, wie es an einer amerikanischen Schule zugeht. Du bist nach vorn gegangen und hast dich mit der größten Selbstverständlichkeit ans Katheder gesetzt. Dann hast du, ohne zu stocken, unglaubliche Dinge erzählt, von denen wir noch nie gehört hatten. Wir trauten unseren Ohren nicht. Du hast ein anderes und faszinierendes Leben vor unseren Augen entstehen lassen. Ja, du bist wie ein frischer Wind in unsere Klasse gekommen."

Selten war ich so erstaunt, denn dies waren dunkle Jahre für mich. Doch als Kind hatte ich auch den amerikanischen Traum kennengelernt, mit seiner einfachen und klaren Botschaft, dass alles möglich ist und du alles schaffen kannst, wenn du nur wirklich willst.

Diese Erfahrung machte mir klar, dass wir alle wie mit Scheuklappen durch unser Leben gehen, ohne wahrzunehmen, was andere denken und fühlen. Wir sind wie Züge, die sich nachts begegnen: plötzlich ein Licht, ein Pfiff und schon ist wieder alles dunkel.

Nicht von ungefähr hat der britische Politiker und Autor Duff Cooper seine Memoiren *Old Men Forget* betitelt – Alte Männer vergessen.

Schade, dass der Buchtitel schon vergeben ist – doch das habe ich sicher auch bald vergessen.

38

HOCH SOLL
ER LEBEN

Die Zahl der 100-Jährigen wächst dramatisch – auch bei den Männern. An seinem Geburtstag erhält jeder Hundertjährige bei uns in Schweden Glückwünsche von seiner Majestät dem König. Das wird sicher den einen oder anderen noch ein bisschen am Leben erhalten.

Alte Naturwissenschaftler können sich damit trösten, dass sie das Element mit der Ordnungszahl 79, Gold, erreichen, wenn sie 79 werden. Mit 80 sind sie bei Quecksilber und mit 92 bei Uran, das dann so richtig knallt. Nicht schlecht. Die 82 ist allerdings schwer: Blei.

Wenn wir erst uralt sind, können wir uns stattdessen über unsere „Nichtgeburtstage" freuen, wie es in *Alice im Wunderland* heißt. Richtige Geburtstage sind dann einfach zu wenige übrig.

„Hoch soll er leben bis zum 100. Jahr", wie der schwedische Text des Geburtstagsliedes lautet, kann unter diesen Umständen ein bisschen geizig wirken. Schon vielen ist bei diesem Lied das Lachen vergangen.

Da singt man doch besser „noch viele Hundert Jahre".

Jedes Jahr nimmt die Zahl der Menschen, die wir überleben, zu. Wenn wir schließlich selbst sterben, ist unser Leben so lang gewesen wie manche historische Epoche. Die Demokratie im antiken Athen dauerte 110 Jahre und die Demokratie in Schweden existiert seit 90 Jahren. Das schaffen wir ja wohl auch!

39

ES IST NICHT VERKEHRT, SPÄT AUFZUWACHEN

Mein Motto ist: *It's never too late.* Ich bin immer schon ein *late bloomer*, ein Spätzünder, gewesen. Als Kind fand ich das nicht immer schön und manchmal muss ich wohl einen ziemlich begriffsstutzigen Eindruck gemacht haben. Aber jetzt bin ich genau richtig. Ein *late bloomer* findet immer noch etwas Neues, über das er sich freuen kann. Ich glaube, im Wettlauf des Lebens gewinnt am Ende der, der am langsamsten läuft.

Wie, sind wir etwa schon da?

Ich selbst habe auf meine alten Tage eine neue Karriere als Kinderbuchautor begonnen und bis jetzt zwölf Bücher geschrieben. Ich möchte nicht mehr Publikum sein – jetzt will ich selbst etwas machen, ich kann das, ich bin immer noch ein Mann der Zukunft, also Platz da auf der Innenbahn! Manchmal scheint es, als ob das Leben tatsächlich will, dass wir Erfolg haben!

Ja, wieder zum Kind zu werden, muss der Wunschtraum eines alten Kinderbuchautors sein.

40

MACH DEINE KRANKHEITEN NICHT ZUR VOLLZEITBESCHÄFTIGUNG

Viele ältere Menschen beschäftigen sich so intensiv mit ihrer Gesundheit, dass sie es nicht mehr schaffen, ein gutes Leben zu führen. Unsere Krankheiten dürfen nicht von uns Besitz ergreifen und zur Vollzeitbeschäftigung mutieren. Besucht man öfter die Apotheke als den Spirituosenladen, ist Wachsamkeit geboten!

41

LASS DIE ZEIT NICHT EINFACH NUR VERSTREICHEN

Wenn wir älter werden, steigt die Gefahr, dass wir die Dinge laufen lassen, dass alles zur Routine wird und die Zeit einfach verstreicht. Dann sollten wir innehalten, nachdenken und miteinander reden. Selbst in guten lebenslangen Beziehungen sammelt sich jede Menge Gerümpel an. Man sollte allerdings auch keine überzogenen Erwartungen aneinander haben. „Der tägliche Kleinkram ist der Kitt im Familienleben", sagte unser König an seinem 60. Geburtstag.

Am besten bekommt man die Zukunft in den Griff, wenn man sie selbst gestaltet. Veranstalte zweimal im Monat ein Arbeitsessen mit deiner Frau zwecks Terminplanung, am besten in einem netten Restaurant. Sei als Gesprächspartner aktiv und präsent. Besprecht, was ihr machen wollt, und haltet gemeinsame Aktivitäten in euren Kalendern fest. Versucht nicht mehr als eine große Frage pro Gespräch zu klären. Damit habt ihr genug zu tun.

Achte auf die Stärken deiner Frau und sieh nicht nur ihre Schwächen. Dann entdeckt sie vielleicht auch deine Stärken und vergisst die Brotkrümel, die du in deiner Umgebung verstreust – der große Wunschtraum vieler älterer Männer. Einer muss jedoch den Anfang machen, warum also nicht du? Die sogenannte Schuldfrage ist dabei völlig uninteressant. Denk nur mal daran, wie viele Marotten du deiner Frau schon zugemutet hast!

Einzig die Familie verzeiht einem immer wieder all die Dummheiten, die man sich so leistet. Fang deswegen jetzt und hier damit an, deine Frau zu umarmen, und zwar mindestens sechs Sekunden lang, denn sonst fließt kein Serotonin im Körper – ganz zu schweigen vom Testosteron!

Liebe ist ein abstrakter Begriff. Wichtig ist der Liebesbeweis. Meine Frau ist sowohl meine große Liebe als auch mein bester Freund.

42

VORSCHLAG FÜR DIE TAGESORDNUNG

Setzt euch sowohl ein Ziel für das kommende Jahr wie auch ein übergreifenderes für die folgenden Jahre und überprüft eure Pläne regelmäßig.

• Überlegt euch, wie ihr auf neue und unterhaltsamere Art Zeit mit euren Kindern und Enkeln verbringen könnt. Führt neue Traditionen und Feiertage ein.

• Unternehmt mit euren Enkeln etwas Schönes, etwas, das ihr bisher noch nie gemacht habt. Verreist zum Beispiel mit jeweils einem Enkelkind. Das braucht weder teuer zu sein noch muss es viel Zeit kosten. Eine Reise mit Opa (von

Schweden aus gesehen) über die Grenze nach Dänemark, Norwegen oder Finnland ist ein großes Abenteuer. Es geht darum, neue Gemeinschaftserlebnisse zu schaffen, die unsere Enkel nicht vergessen, denn dann werden sie uns auch nicht vergessen.

• Denkt euch kurzweilige Aktivitäten mit euren Freunden aus. Trefft euch sonntags bei Tee und Zimtschnecken und ladet an einem Abend in der Woche zu Bier und Resteessen (auf Schwedisch: *Pyttipanna*) ein. Danach geht ihr zusammen ins Kino.

• Gute Freunde sind in unserem Alter mindestens genauso wichtig wie Kinder. Mit Freunden sind wir öfter auf der gleichen Wellenlänge als mit unseren Kindern, denn die leben in einer ganz anderen Welt als wir.

• Entwickelt gemeinsam neue Interessen. Jetzt muss der Begriff „wir" mit neuem Inhalt gefüllt werden. Neue Interessen bringen neue Kontakte und neue Freunde mit sich.

• Während ich dies schreibe, wird mir bewusst, dass ich schon immer angeln wollte. Meine Frau nickt zustimmend. Außerdem ist das etwas, was Enkelkinder mögen und wofür ihre Eltern nie Zeit haben. *Bingo! Gone fishing!*

Lobt euch gegenseitig, denn das macht es leichter. Keinem von euch geht es gut, wenn der andere sich nicht wohlfühlt. Der Plan lautet, sich zu entwickeln und gemeinsam zu wachsen. Erst dann leben wir wirklich.

Es ist nicht auszuschließen, dass deine Frau deinetwillen große Opfer bringt, ohne dass du es überhaupt merkst, ja, das ist sogar sehr wahrscheinlich. „Häusliche Pflege eines gesunden Mannes", heißt das scherzhaft unter Frauen. Nichts ist so schwierig, wie sich selbst von außen zu sehen. Aber schon ein aufrichtiger Versuch wird wertgeschätzt.

Denk daran, dass wir andere Menschen nur ändern können, indem wir uns selbst ändern.

43

WIE BIST DU ALS RENTNER?

Als meine Kinder klein waren, wollten sie immer gern hören, wie sie als Babys gewesen waren. Vielleicht ist es keine schlechte Idee, deinen Lebenspartner zu fragen, wie du als Rentner so bist. Langweilig? Griesgrämig? Oder ein fröhlicher Alter! Im Bürokratendeutsch heißt das „Aktualitätsprüfung".

Allerdings glaube ich nicht, dass deine Frau begeistert wäre, wenn du sie eine fröhliche Alte nennst. Die Asymmetrie zwischen Männern und Frauen ist immer noch groß. Vielleicht ist das der Grund, warum so viele von uns alten Männern die Telefongespräche ihrer Frauen belauschen.

Da können wir immer noch etwas lernen – nicht zuletzt über uns selbst!

Vergiss auch nicht, dass ihr zwei euch an unterschiedliche Dinge erinnert. Seid großzügig genug, das anzuerkennen und aufeinander Rücksicht zu nehmen. Verschließ dich nicht. Männern fällt es schwerer, Liebe zu geben und zu empfangen, weil sie Angst haben, Schwäche zu zeigen. Sei dankbar für alle Möglichkeiten, die sich dir bieten. Bei meiner Frau kann ich ganz entspannt ich selbst sein.

Zusammenzuleben bedeutet Geben und Nehmen, oder eleganter gesagt, Kompromisse einzugehen. Das hat nichts mit Freundlichkeit zu tun, sondern ist eine Selbstverständlichkeit.

Sorgt dafür, dass ihr eure Kontakte nach außen aufrechterhaltet, sowohl zu Freunden als auch zur Gesellschaft. Wir müssen dranbleiben, nachdem wir uns vom Berufsleben verabschiedet haben, denn sonst sind wir bald ganz abgehängt. Allerdings, die geschlechtliche Identität preiszugeben, wie es das geschlechtsneutrale Personalpronomen „hen" im Schwedischen neuerdings nahelegt – danke, nein.

44

TU ETWAS ÜBERRASCHENDES!

Sei nicht immer so vorhersehbar!

Fahr mit dem Taxi zu einem Hotel und check ein.

Bestell eine Tasse Tee oder Champagner.

Geh ins Restaurant und iss ein vorzügliches Abendessen.

Leg dich mit einem guten Buch ins Bett.

Schlaf gut.

Lass dir das Frühstück und eine Zeitung ans Bett bringen.

Nimm ein Taxi nach Hause.

– Und vergiss nicht, deine Lebensgefährtin mitzunehmen!

45

HILF DIR SELBST, INDEM DU ANDEREN HILFST

Vielen ist es wichtig, anderen zu helfen, um damit ihrem eigenen Leben einen Sinn zu geben. Die Möglichkeiten dafür sind fast unbegrenzt, von Vorlesen im Krankenhaus über Hausaufgabenhilfe bis hin zu verschiedenen Beratungsaufgaben. Glücklich der, der anderen etwas beibringen darf.

Hat man keine eigenen Kinder, gibt es ja auch noch viele andere junge Familien, die gerne einen Leih-Opa oder eine Leih-Oma zur Hilfe hätten. In Amerika existieren schon Unternehmen, die Rentner vermitteln: *Rent-a-Grandma* nennt sich das. Die können den Opa dann ja auch gleich gratis mit dazubekommen, denn gemeinsame Arbeit macht Spaß.

Für ältere Männer hält unsere Gesellschaft eine große Herausforderung bereit, die alle anderen Aufgaben in den Schatten stellt: Wie können wir zornigen jungen Männern dabei helfen, ein funktionierendes Rollenverständnis zu entwickeln, das der Gewalt und Zerstörungswut, die die moderne (nicht nur) schwedische Gesellschaft prägen, entgegenwirkt?

Ich wünschte, ich hätte darauf eine Antwort. Meine Erfahrung ist, dass die meisten von uns ausweichen und wegschauen, um ihren inneren Frieden zu bewahren und sich nicht deprimieren zu lassen. Wenn das alle tun, kommen wir nicht weiter.

46

MACH DEINE
INTERESSEN ZU
DEINEM NEUEN BERUF

Heute hat die „Dagens industri" folgende
Schlagzeile als Aufmacher: „Die Revanche der
Veteranen".

In dem Artikel geht es um diejenigen, die ihr
Erwerbsleben eigentlich schon hinter sich hatten,
die aber jenseits ihres Siebzigsten neue Aufgaben übernommen haben. Der Grund dafür ist
der steigende Bedarf an Menschen mit Weitblick
und Erfahrung, seit junge Spekulanten mit ihrem
gedankenlosen Glücksspiel die Wirtschaft ins
Wanken gebracht haben. Vor einigen Monaten
brachte das „Wall Street Journal" eine ähnliche
Reportage, dort ging es allerdings um 80-Jähri-

ge. Dass die Amerikaner auch immer vorn liegen müssen!

Das bedeutet, dass die Nachfrage nach unserem Wissen und unserer Erfahrung wächst. Es gibt eine Nachfrage nach uns: Wir können Auftragsarbeiten übernehmen oder in Wirtschaft und Gesellschaft als Mentoren wirken. Hier eröffnen sich auch neue Möglichkeiten für Unternehmen in der Dienstleistungsbranche in den Bereichen Reisen und Erlebnisse, Kultur und Pflege – denn wer kennt unsere Bedürfnisse besser als unseresgleichen?

47

MISCH DICH NICHT IN ANDERER LEUTE ANGELEGENHEITEN EIN

Je älter wir werden, desto toleranter sollten wir auch werden und nicht mehr alles, was andere tun und lassen, kommentieren. Es gibt so einiges, was mir an unserer Gesellschaft nicht gefällt, aber ich beklage mich nicht, denn das bringt nichts. Über sich selbst lachen zu können, ist der Inbegriff innerer Harmonie.

Was mich angeht, so werde ich mit den Jahren immer toleranter. Aber das bedeutet nicht, dass mein Einsatz für andere wächst. Eher im Gegenteil. Ein gewisses Maß an Gleichgültigkeit sorgt für Gelassenheit anderen Menschen gegenüber. Und das ist auch nötig.

Unsere Zeit
auf Erden

48

FREU DICH
DEINER ZEIT
AUF ERDEN

Bei der Taufe meiner Kinder las ich Erik
Lindorms schönes Gedicht „Glücksmoment" vor.
Immer, wenn ich es höre, bin ich glücklich, und
ich freue mich schon darauf, es bei der Taufe
meiner Enkelkinder vorzulesen. Das Gedicht
gehört zur Grundausstattung meiner Haus-
apotheke:

> „Ist es wahr, ich halte ein Kind auf dem Arm
> und spiegle mich in seinem Blick,
> und die Sunde glitzern und die Erde ist warm,
> selbst der Himmel im Festtagsschick?

Welche Zeit ist es und welches Jahr,
wer bin ich, warum bin ich hier?
Du lachendes Bündel mit seidigem Haar,
ich staune, wie kamst du zu mir?

Ich lebe! Ich lebe! Erst jetzt ist es wahr.
War ich vorher nicht existent?
Ich wartete wohl Millionen Jahr'
auf diesen einen Moment."

ERIK LINDORM

Übrigens ist der schwedische Schriftsteller
Erik Lindorm heute fast in Vergessenheit geraten.
Doch ein einziges solches Gedicht reicht aus,
damit ein Schriftsteller nicht vergebens gelebt
hat. Es ist noch immer unsere Zeit auf Erden.

49

LASS NICHT ZU, DASS DEIN LEBEN NUR AUS WARTEN BESTEHT

Die große Gefahr im Leben liegt darin, dass wir anderen die Initiative überlassen und selbst nur reagieren. Für viele wird das Leben so zu einer einzigen langen Zeit des Wartens auf den Schulanfang, auf die nächste Schulpause, auf die Kaffeepause, auf den Sommer, darauf, irgendwo anzukommen, und schließlich auf die Rente. Und dann?

Vor die Wahl zwischen morgen und heute gestellt, solltest du immer das Heute wählen. *Live now & die later.* – Lebe jetzt und stirb später.

> „Es gibt keinen Sinn außer dem,
> den wir selber schaffen."
>
> J. P. SARTRE

50

KULTIVIERE
DIE SONNTAGE

Die moderne Gesellschaft hat sich von vielen Traditionen und Ritualen verabschiedet. In meinen Augen sind einander gleichende Wochentage ein Armutszeugnis. Für die junge Generation, die immer online und erreichbar ist, ist das besonders gefährlich. Aber auch für uns Senioren wird es zum Problem, wenn unsere Tage sich zum Verwechseln ähneln. Wir können nicht die ganze Zeit im zweiten Gang fahren.

Ich selbst gehöre keiner religiösen Gemeinschaft an, aber ich denke, dass uns etwas Wesentliches abhandengekommen ist, als wir mit der Religion auch den Ruhetag abschafften.

Wir brauchen einen Tag in der Woche – mindestens –, an dem alles andere geschlossen ist und wir uns unserem Inneren öffnen. Wir ändern das Tempo und der Alltag kommt zur Ruhe. Ich nehme eine Gedichtsammlung zur Hand und lege russische Kirchenmusik auf.

Es ist wichtig, auf diese Art Atempausen im Alltag zu schaffen, sich von dem Gewohnten auszuruhen, sowohl seelisch als auch ganz praktisch. Wir brauchen Rituale für unseren inneren Ausgleich. Der Sonntag gibt uns Gelegenheit, unsere innere Stimme zu Wort kommen zu lassen und uns selbst als an einem größeren Geschehen teilhaftig zu erleben. Deshalb sollten wir die Stille in Bibliotheken, in Kirchen und in der Natur erhalten und uns so Atempausen für die Seele schaffen.

51

AUCH SENIOREN
BRAUCHEN URLAUB

Das Leben ist abwechslungsreicher und aufregender, wenn man den Sommer als Urlaubszeit beibehält. Wenn wir auf dem Land sind, gestaltet sich unser Leben anders. Dort herrscht eine Freiluftkultur, die sich völlig von unserem Leben zu Hause unterscheidet. Dort erleben wir die Wechsel der Jahreszeiten am eigenen Leib. Ich trage kurze Hosen und fühle mich wie ein kleiner Junge. Wir nehmen ein Morgenbad und lesen beim Frühstück im Garten die Lokalzeitung. Wir versuchen, alle Besorgungen mit dem Fahrrad zu erledigen. Wir vergessen den Fernseher und sitzen stattdessen draußen und lesen. Im Garten treffen wir andere Menschen, unsere

Sommerfreunde, und freuen uns über spontanen Besuch. Wir lesen wahl- und ziellos Bücher und stoßen dabei immer wieder auf neue Kleinode. Ich mache jeden Tag ein Nickerchen unter dem Apfelbaum. Und ich versuche, neue Projekte ruhen zu lassen.

Das ist ein völlig anderes Leben, und so etwas würde uns allen guttun, denn wie oft werden wir noch erleben, dass die Bäume ausschlagen? Vielleicht habe ich noch zehn Sommer vor mir, wenn überhaupt. Der Gedanke daran ist überaus beängstigend. Deshalb will ich diese Sommer intensiv erleben.

52

HÖR AUF DAMIT, DICH ÜBER WEIHNACHTEN ZU BEKLAGEN

Weihnachten ist das große Familienfest. Sowohl Kinder als auch Großeltern lieben Rituale, die die Familie vereinen: „So haben wir es immer schon gemacht!"

Es sind die Jungen und die Alten, die die Weihnachtstraditionen bewahren – und die Familie zusammenhalten. Wenn unsere Generation nicht mehr ist, feiern die Kinder nicht mehr gemeinsam Weihnachten und die Enkelkinder verlieren ihre Cousinen und Cousins schnell aus den Augen.

Die Weihnachtsfeste unserer Kindheit erleben wir dennoch nie wieder. Darüber kommen viele Ältere nicht hinweg. Heutzutage gibt es viel zu viele Stiefkinder und Stiefenkel, ganz zu schweigen von deren Freunden und Freundinnen, Stiefeltern und deren alten Müttern, manchmal noch mit einem Mann aus einer früheren Ehe, als dass am Heiligen Abend plötzlich Eintracht und Harmonie herrschen könnten.

„Das einzige Paradies ist das verlorene Paradies", um Marcel Proust zu zitieren. Das ist sowohl Erklärung als auch Trost.

Das Weihnachtsfest bleibt jedoch eine willkommene Abwechslung in der nordischen Dunkelheit, dieses Fest des Lichtes mit seinen Traditionen, Essen und Trinken, Gesang und Christmette, die man nicht einfach abschaffen kann, ohne dabei selbst so viel ärmer zu werden.

Harmonie lässt sich herstellen, indem man Weihnachten ausweitet und die Familienzusammenkünfte in verschiedene Abschnitte einteilt. Am 23. essen wir meist gut und schmücken mit einigen unserer Kinder und Enkel den Baum. Den anderen servieren wir dann am Morgen des Heiligen Abends Tee mit Pfefferkuchen und Safrangebäck und lesen mit ihnen das Lukasevangelium.

Am Heiligen Abend gibt es bei uns das große traditionelle *Julbord*, das schwedische Weihnachtsbüfett, mit so vielen Familienmitgliedern wie möglich – aber ohne Geschenke. Die packt jeder bei sich zu Hause aus. Unsere amerikanischen Schwiegersöhne veranstalten dann am ersten Weihnachtstag einen Brunch. Erst danach findet unsere Bescherung statt, am helllichten Tag und bei vollem Bewusstsein.

Alle Rentner sorgen sich ums liebe Geld

53

BLEIBEN WIR BESONNEN

Diese Ratschläge für glückliche Rentner kommen nicht ohne einige Zeilen zum Thema „Geld" aus, obwohl das in starkem Kontrast zu der Weisheit und dem inneren Frieden steht, die wir alle anstreben. Doch jedes menschliche Handeln hat auch einen wirtschaftlichen Aspekt. Das Leben besteht aus Wichtigkeiten und Nichtigkeiten und vom Gedanken an das liebe Geld werden viele Menschen wie von Furien gejagt. Hat man Geld, macht man sich Sorgen. Hat man kein Geld, macht man sich auch darüber Sorgen. Darum sollten wir das Phänomen Geld in einem größeren Zusammenhang betrachten und uns nicht davon tyrannisieren lassen.

„Lasst uns besonnen bleiben", wie der chinesische Weisheitslehrer Lin Yutang zu sagen pflegt. Das scheint jedoch leichter gesagt als getan.

Erschwerend kommt hinzu, dass das Thema „alte Menschen und Geld" häufig Anlass für Hohn und Spott bietet. Literatur, Film und Theater beschreiben Rentner oft als geizig und gierig. Sie machen sich dort auf unterschiedliche Art lächerlich, weil sie beispielsweise angeblich von Katzenfutter aus Dosen leben, wie ich mich aus meiner Jugend erinnere. So etwas wird heutzutage Altersdiskriminierung genannt, und das sollte genauso tabu sein, wie Witze über Behinderte und Ausländer zu machen.

Doch das Bild vom verarmten Rentner hält sich hartnäckig und sorgt für Unbehagen, besonders bei denjenigen, die demnächst in Rente gehen. Der Rentenbescheid beruhigt kaum jemanden. Trotzdem war ich verblüfft, als ich einen soeben pensionierten Leiter einer Rechtsabteilung dabei ertappte, wie er im Materiallager seine Taschen auffüllte – mit Büroklammern!

54

WIR MÜSSEN NICHT AN ALLEM SPAREN

Die heutigen, jüngeren Alten brauchen nicht mehr wie die älteren Alten an allem zu sparen. Die vielen jüngeren Senioren zwischen 65 und 75 Jahren gehören zu den großen Gewinnern der schwedischen Wirtschaftspolitik seit der Jahrtausendwende. Sie selbst schätzen ihre wirtschaftliche Situation als gut ein. Jeder Zehnte aus dieser Gruppe ist übrigens Millionär. Darüber hinaus ändern und verringern sich unsere Ausgaben. Global AgeWatch Index bescheinigt Schweden in puncto Wohlfahrt und Lebensstand der Senioren eine Spitzenposition. Deshalb ist es so viel einfacher geworden, ein glücklicher Rentner zu sein.

Trotzdem müssen wir dafür sorgen, dass wir uns unsere täglichen Gewohnheiten auch leisten können, andernfalls müssen wir sie unserer Situation anpassen. Mach dir nicht zu viele Gedanken, sondern warte dein erstes Jahr als Rentner ab und kontrolliere danach deine Ausgaben; meistens ist es besser gelaufen, als du dachtest.

55

SPRICH NICHT ÜBER GELD

Als ich jung war, sprach man grundsätzlich nicht über Geld. Doch als ich dann nach Amerika ging, stellte ich fest, dass dort alle darüber redeten, sowohl über das eigene Geld als auch das der anderen. Man war stolz auf das, was man verdient hatte, und zeigte es auch gerne her. Das ist mittlerweile leider auch in Schweden so.

Über Geld zu sprechen macht niemals froh. Ganz im Gegenteil, es breitet sich fast immer ein Gefühl innerer Leere in einem aus. Außerdem sagt man meistens etwas, das man später bereut, oder man erfährt Dinge, die einem die gute Laune verderben, denn der Neid ist eine starke Emotion, die offenbar jederzeit und bei jedem erweckt werden kann.

56

EINE FINANZPHILOSOPHIE

Wir alle brauchen eine Finanzphilosophie. Meine ist der „Krokodilfonds", der mein Verhältnis zu Geld schon früh geprägt und mich durch mein Leben begleitet hat. Das kam so:

Als Kind hatte ich eine Modelleisenbahn von Märklin. Im Laufe der Zeit baute ich eine große Anlage auf, die fast alles enthielt, außer dem „Krokodil", dem Glanzstück aus dem Märklin-Katalog, der stärksten Lok der Schweizerischen Bundesbahnen, ausgestattet mit drei Gelenken, um die engen Kurven in den vielen Alpentunneln passieren zu können. Diese Lok kostete damals unerschwingliche 315 Kronen, ein kleines Vermögen, in heutigem Geldwert sicher 8000 Kronen (oder etwa 840 Euro).

Ich liebte das Krokodil. Ich träumte unablässig davon. Mich schwindelte, wenn ich die Schweizer Alpenlandschaft sah, in der das Krokodil zu Hause war.

Zum Geburtstag bekam ich einen Umschlag mit drei zusammengefalteten Hundertkronenscheinen – die damals so groß waren wie Servietten –, einem blauen Zehnkronen- und einem gelben Fünfkronenschein! Ich war überwältigt, denn so viel Geld hatte ich noch nie gesehen.

Jetzt könnte ich das Krokodil kaufen, dachte ich, und lief sofort zum Spielwarenladen, öffnete die Glastür mit der bimmelnden Glocke und ging zur Vitrine mit den Schätzen von Märklin. Da stand das Krokodil zusammen mit zwei schweren Tankwagen aus Gusseisen auf einem Gleis und wartete auf mich.

Endlich hielt ich die begehrte Lok in meinen Händen. Ich drehte und wendete sie, aber irgendwie schrumpfte sie vor meinen Augen. Ich wurde unsicher.

War sie wirklich mein ganzes Vermögen wert?

Was, wenn ich enttäuscht würde?

Wäre es nicht besser, das ganze Geld zu sparen?

Ich nahm das Portemonnaie heraus und faltete meine großen Scheine mehrere Male auseinander und wieder zusammen. Der Verkäufer fragte, ob er die Lok einpacken solle.

Ich schüttelte den Kopf und steckte das Portemonnaie wieder ein.

„Ich komme noch einmal wieder", sagte ich und ging mit schnellen Schritten zur Tür. Das war eine glatte Lüge, denn ich hatte nicht vor wiederzukommen. Ich würde das Krokodil nicht kaufen. Erleichtert rannte ich den ganzen Weg nach Hause – ein wohlhabender junger Mann auf dem Weg ins Leben.

Die 315 Kronen landeten stattdessen auf einem Sparkonto bei Uplands Enskilda Bank, das mein Vater den „Krokodilfonds" nannte. Sich reich zu fühlen, war einfach herrlich.

Seitdem gehöre ich zur Fraktion der „Sparer" und habe nur wenig Verständnis für die Probleme, mit denen sich die „Verschwender" herumschlagen. Wenn alle so denken würden wie ich, hätten wir heute nicht die größte Schuldenkrise in der Geschichte der Menschheit.

57

SICH AUS DEM MARKT VERABSCHIEDEN

Die in den 1940er-Jahren Geborenen haben über lange Zeit Glück gehabt, doch jetzt steckt ganz Europa seit mehreren Jahren in einer tiefen Schuldenkrise und vieles verliert an Wert.

In den 80er-Jahren wurde Aktienbesitz zum Volkssport. Aber heute haben wir eine andere Situation, und Aktien sind wieder zu den Hochrisikoinvestitionen geworden, die sie ursprünglich waren. Viele Leute verfolgen die Börsenkurse mit angehaltenem Atem. Die Zeiten, in denen man zweistellige Renditen erzielte, sind vorbei.

Jetzt sollten wir Senioren uns aus dem Markt verabschieden.

58

DU BRAUCHST
NUR ZWEI
RATSCHLÄGE

Deine Schulden abzubezahlen, ist die
beste Investition. Für Rentner ist es vorrangig,
die laufenden Ausgaben so weit wie möglich zu
drücken. Und nimm nie wieder Hypotheken auf
deine Wohnung auf. Mit sogenannten Senio-
renkrediten auf das Haus stehst du womöglich
ohne Dach über dem Kopf da, wenn du mit 80
noch einmal umziehen möchtest – denn unsere
Generation wird länger leben, als wir glauben.
Also Augen auf!

Die zweitbeste Investition sind Festgeld-
konten mit dreimonatiger Laufzeit. Das zwingt

dich, dir größere Anschaffungen gründlich zu überlegen. Dann herrscht auch in deinem Leben Handelsfrieden, und das ist viel wert, *trust me!*

59

DAS IST NICHT DEINE BANK

Viele Banken haben ihren Bargeldservice am Schalter eingestellt, sodass wir jetzt in Regen und Dunkelheit draußen an den Automaten müssen, um Geld abzuheben. Dort warten viele, die uns gerne „helfen", wenn wir ihnen unsere PIN verraten.

„Wir konzentrieren uns lieber auf gute Beratung und besseren Service", antwortet meine Bank kess, als ich mich beschwere. Aber ich habe definitiv nicht vor, von Unbekannten Ratschläge anzunehmen. Seit ich nicht mehr in die Bank hineingehe, kenne ich dort nämlich niemanden mehr.

Nein, das ist nicht mehr meine Bank.

60

SING BEIM BEZAHLEN DEINER RECHNUNGEN

Um den Zeitaufwand für Rechnungen und Überweisungen so gering wie möglich zu halten und mir meine Lebensfreude zu bewahren, mache ich Folgendes:

Einmal im Monat nehme ich mir meine Rechnungen vor, ich schenke mir einen Drink ein, lege eine CD mit meiner Lieblingsmusik auf und fülle die Überweisungsträger aus. Das ist eigentlich ganz nett, der Abend ist nicht vergeudet und am Ende habe ich alle bezahlten Rechnungen in einem Ordner gesammelt. So verlebe ich trotz der Überweisungen einen angenehmen musikalischen Abend und bleibe ein glücklicher Rentner.

Beim Internetbanking Spaß zu haben, ist schon viel schwieriger, denn da muss ich mich konzentrieren, auf den Drink verzichten und die Musik ausmachen. Wenn man älter wird, sind die kleinen Zahlen auf dem Bildschirm schwer zu erkennen und Bifokalbrillen scheinen das Problem eher noch zu verschlimmern.

Das Ganze endet meist damit, dass ich vorgebeugt, ohne Brille, mit der Nase am Bildschirm und den Rechnungen in der Hand dasitze. Glaub mir, so wird das kein gemütlicher Abend.

Und das erklärt sicher auch zum Teil, warum so viele Bankkunden hartnäckig auf Papierrechnungen bestehen.

61

WIR ALLE MACHEN ZWEI KARRIEREN – EINE IM ARBEITS-LEBEN UND EINE BEI DER BANK

Für die meisten Menschen bedeutet Karriere, Erfolg im Arbeitsleben zu haben. Aber es gibt auch viele, denen ein dickes Bankkonto als Nachweis dafür gilt, wie erfolgreich man im Leben gewesen ist.

Das Beste am Geld ist die Freiheit, die es einem ermöglicht. Die häufigste Folgeerkrankung ist jedoch das Immer-noch-mehr-Habenwollen, das den ganzen Gewinn zunichtemacht.

Wir alle sind sicher schon erfolgreichen Menschen begegnet, die mit ihren privaten Finanzen Schiffbruch erlitten haben. Das kommt öfter vor, als man denkt. Genauso häufig trifft man auf Menschen, die viel Geld verdienen, es aber trotzdem nicht schaffen, sich den Respekt der Gesellschaft zu erwerben. Das ist weder gerecht noch ungerecht, sondern es sind zwei verschiedene Lebenseinstellungen.

62

LEBE IMMER UNTER DEINEN FINANZIELLEN MÖGLICHKEITEN

Wir vergleichen uns gern mit anderen, aber der Schein kann trügen. Viele Häuser sind bis unters Dach mit Hypotheken belastet, andere überhaupt nicht. Einige Menschen fahren geleaste Autos, andere ihre eigenen. Unser Auto hat 17 Jahre auf dem Buckel und alle meine Kleidungsstücke sind uralt, aber bequem. Heute nennt man das „Vintage", und es ist total in, also freuen wir uns drüber.

Unterhalb seiner finanziellen Möglichkeiten zu leben, ist ein bewährtes Prinzip. Ich habe das immer getan. Es verschafft einem sowohl einen finanziellen Puffer als auch seelischen Frieden.

Wenn allerdings alle so lebten, würde die Niedrigkonjunktur in Schweden chronisch.

63

HÜTE DICH VOR
DER BESITZANGST

Viele Angehörige meiner Generation haben Besitz in Form von Häusern, Ferienhäusern und Wohnungen in den Bergen oder im Ausland angesammelt. Das zieht unablässig neue Probleme mit der Unterhaltung, Reparaturen, Steuern, Ärger mit Mietern oder andere kostenintensive Beschäftigungen nach sich. So entwickelt man allmählich die Krankheit „Besitzangst", deren Symptome folgende sind:

1) Reparaturen werden niemals rechtzeitig fertig.

2) Immer mehr Urlaube werden auf Baustellen verbracht.

3) Deine Taschen sind voller Baustaub.

4) Jede Reise zieht neue praktische Probleme nach sich.

5) Briefumschläge mit Rechnungen türmen sich auf.

6) Alles wird teurer, als du gedacht hattest – kurzum: viel Wirbel um nichts.

7) Das Ganze macht dich nervös und raubt dir den Schlaf.

Wenn die Dinge so stehen, ist es höchste Zeit, deine Besitzangst zu bekämpfen.

64

DU SOLLST WEDER LEIHEN NOCH VERLEIHEN

Für uns Ältere gibt es gute Gründe, mit unserem Geld vorsichtig umzugehen. Die meisten von uns können keine zusätzlichen Einkünfte mehr generieren. Wir haben, was wir haben, und das muss für den Rest des Lebens reichen. Klugheit und Geiz sind zwei völlig verschiedene Dinge. Wer Schulden hat, ist nicht frei.

Du solltest auch kein Geld verleihen, denn dann stünden andere in deiner Schuld und das kann für euch beide unangenehm werden. Schulden haben schon viele Freundschaften auf dem Gewissen.

„Wer einem Freund Geld leiht, macht sich einen Feind", lautet ein altes Sprichwort.

65

HALT DICH AUS DEN GESCHÄFTEN DEINER KINDER RAUS

Wir haben jetzt das Alter erreicht, in dem wir uns selbst ziemlich gut kennen und kluge Entscheidungen treffen können. Wir wissen, was uns guttut und was nicht. Lass dich deshalb von niemandem – schon gar nicht von deinen Kindern – in komplizierte Geschäfte hineinziehen, in Bürgschaften oder Investitionen, die dir deinen Seelenfrieden rauben oder dich zwingen, Kredite aufzunehmen. Das würde auch das Verhältnis zu deinen Kindern vergiften. So ein Kredit mutiert leicht zu einer hartnäckigen Wunde, die nicht heilen will.

Darum muss man sich auch mal trauen, nein zu sagen. Deshalb bist du nicht gleich egoistisch.

66

HOCHMUT KOMMT VOR DEM FALL

Das klingt ganz schön altmodisch und doch
enthalten alte Redewendungen zweifellos auch
ewige Wahrheiten. Die alten Griechen wussten,
dass nichts so gefährlich ist wie Hochmut. Sie
nannten ihn „Hybris", und er rief die Rache der
Götter auf den Plan.

Auch heutzutage scheint es üblich zu sein,
dass Neureiche von Hochmut erfasst werden,
nur um kurz darauf all ihr Geld zu verlieren.
Göttliche Gerechtigkeit nennt sich das, weil
sie sich selbst zu Fall bringen. In Schweden
bezeichnen wir das auch als *Jantelagen*, das
Gesetz von Jante (nach einer Romangestalt von
Aksel Sandemos): Unser soziales Umfeld wird

uns unsere Grenzen umso deutlicher zeigen, je weniger wir selbst sie anerkennen.

Wir alle wissen, dass wir für ein gutes Leben Geld brauchen, dass das allein aber nicht ausreicht. „Nicht vom Brot allein …", steht in der Bibel, doch das scheinen wir vergessen zu haben. Vielleicht geraten wir deshalb in eine Finanzkrise nach der anderen? Womöglich rächen sich die Götter? Oder Jante?

Nach den in der Bibel genannten sieben fetten Jahren kommen jetzt die sieben mageren. Nichts ist neu unter der Sonne.

67

NUTZ DAS,
WAS DU BEREITS
BESITZT

Die Werbeagenturen nennen uns
„Woopies", *Well-off older people* (wohlhabende
ältere Personen), und versuchen herauszufinden,
wie sie uns am besten mit ihrer Werbung erreichen. Aber wir Senioren sind Individuen und
möchten nicht als Gruppe gesehen werden. Wir
aus den 1940-ern folgen keinen vorhersagbaren
Trends, sondern wir erfinden unser Leben auf
unsere alten Tage neu, genauso wie damals,
als wir jung waren. Ich selbst benutze die Dinge
weiter, die ich schon habe. Alles Neue sieht in
sämtlichen Einkaufszentren Schwedens doch
sowieso gleich aus.

Außerdem ist die Kluft zwischen Traum und Wirklichkeit niemals größer als bei modernen Konsumartikeln. Erinnern wir uns an den Fischer in Strindbergs *Ein Traumspiel*, der von einem neuen Senknetz träumte. Als er es bekam, war er enttäuscht:

„Das Netz war schon in Ordnung, aber nicht so, wie ich es mir vorgestellt hatte ..."

68

HALT DICH AN DINGE,
DIE NICHTS KOSTEN

Ich habe schon auf mehreren Erdteilen
gewohnt, und im Sommer segeln wir in vielen
Gewässern rund um die Ostsee, schwedischen,
finnischen, estnischen und lettischen. Jedes
Mal bringe ich einen schönen Stein mit nach
Hause, der für die jeweilige Gegend typisch ist.
Den lege ich dann auf die kleine Terrasse mit
Kopfsteinpflaster in meinem Garten in Österlen.
Während ich im Gartenstuhl sitze und meinen
Tee trinke, kann ich in der Erinnerung all die
Orte besuchen, an denen ich einmal gewesen
bin. Das kostet nichts und produziert keinen
Müll.

69

DIE GENERATION
DER 1940ER CHECKT AUS

Die mitgliederstärkste und reichste Generation aller Zeiten in Schweden zieht jetzt aus großen Villen und Häusern in kleinere Wohnungen um. Deshalb müssen wir uns jeder Menge Dinge entledigen. Das ist ein ganz normaler demografischer Prozess. Das Problem ist nur, dass es immer weniger Käufer für unsere Sachen gibt, und dass die Preise sinken.

Doch nicht nur der Mangel an kaufkräftigen jungen Menschen, auch die gesteigerte Mobilität und geänderte Wertvorstellungen sind ein Problem. Die jüngere Generation will sich nicht mehr mit so viel Gepäck belasten wie wir. Sie will weder Silber, Kupfer noch Bronze putzen.

Sie will auch nicht so viele Gegenstände und Gebäude pflegen wie wir. Warum eine Wohnung in den Bergen kaufen, wenn man nur zwei Wochen im Jahr dort verbringt? Die Jungen wollen ein reicheres und mobileres Leben führen und ihr Geld nicht festlegen. Das ist eine Frage des Lebensstils. Sie machen das völlig richtig.

70

HILFE, NICHT MAL DIE KINDER WOLLEN UNSERE ANTIQUITÄTEN HABEN!

Schon manch einer musste feststellen, dass nicht mal unsere eigenen Kinder unsere Antiquitäten haben wollen.

„Zwölf Esszimmerstühle? Nein danke, aber zwei davon könnten wir in unsere Diele stellen."

Das sorgt für beträchtliche Unruhe unter den Senioren, die ja gedacht hatten, dass ihre Wohnungen große Werte repräsentieren, die die Kinder eines Tages übernehmen würden. Wir haben uns daran gewöhnt, dass alles an Wert gewinnt: Kunst, Antiquitäten, Boote, Briefmarken,

Münzen, Sammelteller und so weiter. Wir haben gesammelt wie die Eichhörnchen und meistens schien es gut angelegtes Geld zu sein.

Jetzt sind viele besorgt und nicht gewillt, bei sinkenden Preisen zu verkaufen. Nimm es nicht zu schwer, denn „das stört keinen großen Geist", wie Karlsson vom Dach sagen würde.

Ich denke, man sollte verkaufen, einfach um die Sachen loszuwerden, um überhaupt noch Geld dafür zu bekommen und danach keine Gedanken mehr daran verschwenden zu müssen. Kein Dieb kann uns unser Wissen, unsere Erlebnisse und Erinnerungen nehmen, außer natürlich Doktor Alzheimer *himself* – und der Tod.

71

GENIESS EINFACH DEIN LEBEN

Wenn wir in Rente gehen, haben wir plötzlich mehr Zeit. Das sollten wir genießen. Ständig über Geld und den Wert des Geldes nachzugrübeln, kann leicht den Rest unseres Lebens ruinieren. Wir erinnern uns zwar gern an den Reichtum von Dagobert Duck und daran, wie er in seinen Talern badete, aber wir vergessen, dass er in ständiger Furcht lebte, jemand könne ihn bestehlen. Eigentlich ging es in den Comics ja genau darum.

Lasst uns also lieber Gustav Gans nacheifern und unser Leben genießen. Das letzte Hemd hat ja doch keine Taschen.

Die Rätsel
der Zeit

72

ZEIT IST NICHT GLEICH ZEIT

„In London geschieht an einem Tag mehr als in Indien während eines ganzen Lebens", schrieb Gandhi 1913 nach einem Besuch in England.

Wir sollten dankbar sein, dass es die Zeit gibt, sodass wir eins nach dem anderen machen können. Andernfalls würde alles auf einmal und unaufhörlich geschehen, sagen die Physiker. Dann wären wir wirklich im Stress. Doch so ist glücklicherweise morgen auch noch ein Tag.

Zeit ist nicht gleich Zeit. Das wussten schon die ägyptischen Pharaonen. Manche Generationen erleben gute Zeiten, andere schlechte. Einige Generationen haben Glück, andere haben Pech und landen mitten im Krieg und im wirtschaftlichen Niedergang. Auf gute Jahre folgen schlechte – und gottlob umgekehrt. Ich stelle fest: Meine Generation der in den 1940ern in Schweden Geborenen hatte Glück. Die Zeiten waren gut – und wir selbst auch.

Die Zeit behandelt nicht alle Völker und Kulturen gleich. Einige hatten lange Blütezeiten, zum Beispiel die Städte Athen und Paris. Andere, wie zurzeit viele asiatische Länder, sind jung und hungrig und haben die Zukunft fest im Blick. China hat in seiner mehr als 3000-jährigen Geschichte viele Höhen und Tiefen erlebt. Der Niedergang und Fall des Römischen Reichs beunruhigt seit der Renaissance das Abendland. Kann das wieder passieren? Was waren die Ursachen? Historiker nennen zwei Faktoren: die Völkerwanderung und eine neue fanatische Religion, das Christentum.

Schweden blickt auf eine knapp 1000-jährige Geschichte zurück, doch niemand weiß, was die Zukunft bringt. Wir werden es erleben. Allerdings sollten wir davon ausgehen, dass unsere beste Zeit jetzt ist.

> „Geschichte wiederholt sich nicht,
> aber sie reimt sich manchmal."
> MARK TWAIN

Je älter ich werde, desto bessere Bücher möchte ich lesen und keine Zeit mehr an schlechte vergeuden. Lieber lese ich Klassiker, die dem Zahn der Zeit über Jahrzehnte, wenn nicht sogar Jahrhunderte widerstehen, nachdem alle schwedischen Krimis schon längst in Vergessenheit geraten sind.

Es ist keine schlechte Idee, sich bei denen Hilfe zu holen, die vor uns gelebt haben. Einen Dialog mit Menschen zu führen, die vor mehreren 100 oder sogar 1000 Jahren gelebt haben, ist sowohl klug als auch lehrreich und vermittelt uns einen Blick für Zusammenhänge sowie eine Ahnung von Sinn. Genau wie Dante müssen wir unsere Reise nicht ohne Führer machen. Jedem sein eigener Vergil.

73

TEIL VON
ETWAS GRÖSSEREM
SEIN

Früher sah sich der Mensch als Teil einer
größeren Einheit: einer Familie, eines Hofs,
eines Stamms, einer Nation oder Religion.
Man verstand sich als Glied in einer längeren
Lebenskette und spürte die geistige Anwesenheit vorangegangener Generationen.

Dass wir heute in Einheiten jenseits dessen,
was nur den Einzelnen betrifft, kaum noch Trost
finden können, ist unserer Fokussierung auf das
Individuum geschuldet. Unser aktives Interesse
erstreckt sich meist nicht weiter als bis zu den
Kindern und Enkeln. Schon die Urenkel sind für
viele zu weit weg.

„Das ist schon zu verwässert", sagte einmal ein 90-Jähriger zu mir.

Ich finde, man sollte die Generationen als Kettenbriefe oder Matrjoschkas sehen. Die Serie darf nicht unterbrochen werden.

Menschen aus einer Familie, die ihre eigene Geschichte hat, ein Unternehmen oder einen in Familienbesitz befindlichen Hof, finden in dieser Zugehörigkeit oft Trost. Die Familie wird dadurch zu etwas Allgemeinerem, das den Einzelnen überwölbt. Die Entwicklung einer Familie über Generationen hinweg gibt dem Einzelnen Halt.

74

ENTWEDER – ODER

Schon immer hat mich der Gedankenstrich in „entweder – oder" fasziniert. In ihm manifestiert sich eine Konzentration der Zeit. Es ist wie bei einem bestimmten Sprung im Eiskunstlauf. Du beginnst eine Bewegung in die eine Richtung – und kommst in Gegenrichtung wieder auf. Fast wie ein Flug über die Datumsgrenze.

Der dänische Philosoph Søren Kirkegaard gab seinem einzigen Roman den Titel *Entweder – Oder*. Er handelt von zwei unterschiedlichen Lebenshaltungen, der ethischen und der ästhetischen. Die Mehrheit unserer Zeitgenossen hat sich für das Oder entschieden, die ästhetische Lebenseinstellung, den Genuss. Wenn wir allerdings nicht zwischen Gut und Böse unterscheiden und die Verantwortung für unsere Entscheidungen übernehmen können, wird es uns schlecht ergehen.

Nichts kann die Zeit derart relativieren wie ein Flughafen, der ja als Durchgangsstation konzipiert ist. Entweder gelingt die Passage leicht und schnell oder wir versinken in einem dicken Sirup aus Verspätungen und gestrichenen Flügen.

„Die Zeit des Menschen ist die gefaltete Ewigkeit", um den französischen Filmregisseur Jean Cocteau zu zitieren.

Vorhin war ja eben noch jetzt.

Als ich jung war, kollidierten Abendessen mit der Familie oft mit Verabredungen mit Freunden. Entweder man tat, was die Eltern wünschten – oder man ging mit seinen Freunden aus. In beiden Fällen mussten wir etwas opfern und uns Konflikten stellen. Heutzutage verabreden sich die jungen Leute so spät abends, dass sie zuerst zu unseren Familienessen kommen können, um danach ihre Freunde zu treffen. Früher war eben nicht alles besser.

Unsterblichkeit gibt es nicht

75

DER NACHRUHM IST DIE SONNE DER TOTEN

In unserer Jugend beschrieb Andy Warhol die moderne Form des Ruhms so: „Im Jahr 2000 wird jeder für 15 Minuten berühmt sein."

Das Jahr 2000 schien damals unglaublich weit entfernt und Warhols Vorhersage sehr tiefsinnig. Doch mittlerweile haben wir auch diesen Meilenstein passiert, ohne dass sich etwas Besonderes ereignet hätte. Vielleicht leben wir auf Facebook ja ewig in einer virtuellen Unsterblichkeit weiter, in einer digitalen Wolke schwebend, ohne Anfang und Ende, denn wer ist eigentlich im Besitz der Codes zu unserer digitalen Identität? Womöglich müssen wir die in unser Testament aufnehmen?

Warhol behielt allerdings auf seine Art Recht. Denken wir nur an die Teilnehmer bei „Expedition Robinson", die kurz auf dem Fernsehschirm vorbeiflimmern, nur um den Rest ihres Lebens in der medialen Nacht zu verschwinden. Erst in der Todesanzeige wird vielleicht ihre kurzzeitige Prominenz noch einmal aufblitzen. Kein Wunder, dass viele junge Leute psychische Probleme haben. Das Leben scheint vorbei zu sein, noch ehe es richtig begonnen hat.

Die Idee der Unsterblichkeit scheitert an ihrer eigenen Abwegigkeit. „Auf lange Sicht sind wir alle tot", formulierte Lord Keynes das Problem. Ich verstehe nicht, was an unseren Seelen so interessant sein soll. Ganz zu schweigen von den Seelen all der Menschen, die wir täglich in der U-Bahn oder im Fernsehen auf dem Tahrir-Platz sehen – sollen wir etwa alle ewig leben?

Dahingegen können wir durchaus darauf hoffen, im Leben unserer Kinder und Enkel weiterzuleben. Wir existieren, solange sie sich an uns erinnern.

76

DIE FRAGE NACH LEBEN UND TOD PRÄGT JEDE GROSSE KUNST

Alle Künstler hoffen auf Unsterblichkeit, aber die ist nur wenigen vergönnt.

„Besucht mich in 1000 Jahren!", brüllte der russische Dichter Majakowski in die riesige Arena und schüttelte seine Faust gen Himmel.

Ein genialer Künstler, der früh stirbt, scheint dabei bessere Chancen zu haben als einer, der länger lebt. „Der Tod machte Sylvia Plath unsterblich", las ich gerade in der Zeitung.

Den toten jungen Schriftsteller umgibt eine Romantik, die den Alten abhandenkommt.

Wir sind also jetzt wohl zu alt, um unsterblich zu werden!

77

JEDER WILL
GESEHEN WERDEN

Der schwedische Schriftsteller des Fin de siècle Hjalmar Söderberg schreibt in *Doktor Glas*:

„Man will geliebt werden, in Ermangelung dessen gefürchtet, in Ermangelung dessen verabscheut und verachtet. Man will in den Menschen irgendein Gefühl auslösen. Die Seele erschaudert vor der Leere und will Kontakt um jeden Preis."

Söderbergs Beschreibung sagt viel aus über die Bitterkeit, die uns umgibt. Menschen wollen gesehen werden, aber der Wunsch ist vergebens. Und dann werden sie bösartig. Diesen Menschen begegnen wir heute im Internet.

Überall quillt der Hass gegen die Obrigkeit und die Überlegenen hervor. Das Volk schlägt zurück gegen die elitären Kreise der Medien. Das Internet ist frei und gefährlich. Kein Ort, an dem glückliche Rentner sich aufhalten sollten, denn dann sind wir nicht mehr so glücklich.

Da gefällt mir die Einstellung des französischen Schriftstellers André Malraux besser:

„Man besitzt an einem anderen Menschen nur das, was man in ihm verändert."

Ein ansprechender Gedanke.

78

FREU DICH ÜBER DAS, WAS DU HAST

Auf der Buchmesse in Göteborg fand ich mich neben einem Antiquar wieder. Neugierig fragte ich ihn, wie meine Kinderbücher auf dem Markt für gebrauchte Bücher liefen.

„Die bekommen wir nie rein", antwortete er.

Als er sah, wie perplex ich war, erklärte er:

„Eltern verkaufen selten die alten Kinderbücher, wenn die Kinder groß sind. Stattdessen nehmen sie sie mit ins Sommerhaus und stellen sie in das Sommerbuchregal auf der Veranda, wo sie auf die nächste Generation warten."

Mit dieser Antwort war ich hochzufrieden, man könnte sagen, ich strahlte.

79

JEDER BAUT AN SEINEM EIGENEN MUSEUM

Schon seit Langem lege ich Einladungskarten und Fotos in Bücher ein, die ich gerade lese, bevor ich sie ins Regal zurückstelle. So bekomme ich immer wieder unverhofft Grüße von dem Mann, der ich einmal war, aus dem Leben, das ich gelebt habe.

In unserem Sommerhaus hängen Zeichnungen und Fotos der älteren Generation an den Wänden. Für zukünftige Enkel lege ich alte Münzen und andere Kleinigkeiten in Schachteln und Schälchen. Eines Tages werden sie sie entdecken, betrachten und an damals denken. Aber bis dahin befinden wir uns sicherlich schon im fünften Regierungsjahr Ihrer Majestät

Königin Estelle von Schweden, die 2012 geboren wurde.

Deshalb darf auch das Schwarz-Weiß-Porträt unseres alten Königs Gustav VI. Adolf unter der Dachbodentreppe hängen bleiben. Ist das wirklich schon so lange her? Schlussendlich ist es doch die vornehmste Aufgabe der Monarchie in einer veränderlichen Welt, die Zeit zu vermessen und Epochen voneinander abzugrenzen.

In meiner Küche fühlt sich ein Kraut der Unsterblichkeit zu Hause: *Gynostemma Pentaphyllum*. Ab und zu mische ich einige Blätter in meinen Tee und baue weiter an meinen Sandburgen.

80

WIR MÜSSEN NICHT ZUR GÄNZE STERBEN

Der Künstler Einar Hylander ging eines dunklen Herbstabends in einer vornehmen Wohngegend spazieren. In einer ersten Etage stand ein Fenster offen. Er stutzte, als er eines seiner Bilder sah, das eine ganze Wand füllte, und blieb fasziniert stehen. So alt er war, stimmte es ihn doch froh, dass seine Kunst Menschen noch erfreuen würde, wenn er selbst schon lange tot war.

Da erschien plötzlich eine junge Frau am Fenster, starrte ihn an und schlug das Fenster mit einem Knall zu, der ihren Ruf in die Wohnung hinter ihr abschnitt:

„Da steht ein Grufti und glotzt ..."

Einar lächelte in sich hinein und ging weiter. So sind die Prämissen der Kunst.

„Non omnis moriar" – Ich werde nicht zur Gänze sterben, lautet seit Jahrhunderten der Trost der Künstler und Schriftsteller.

Schon die griechische Dichterin Sappho (um 600 v. Chr.) erkannte die großartige Fähigkeit der Schriftkunst, durch die Zeit zu reisen:

„Manch einer, sage ich, wird sich später an uns erinnern."

Gib auch du ihr recht und leih ihre Gedichte in der Bibliothek aus!

81

NOSTALGIE IST
DER ALTEN
LIEBSTE DROGE

Ab und zu begebe ich mich in das geräumige, großzügige Zelt, das die Schwedische Kirche uns allen öffnet. Auch wer zweifelt, darf mitmachen. Das Kirchenjahr ist eine tröstliche Wanderung durch die Zeit, die sich Jahr für Jahr wiederholt, auch für den Zweifler. Hier herrscht eine andere Auffassung von Zeit, die Wiederholung, die Kreisbewegung, die für uns Ältere erholsam ist.

Für das Kind in mir haben die alten Psalmen eine besondere emotionale Bedeutung. Bei den Tönen von *Den blomstertid nu kommer* kommen mir oft die Tränen. Dieser Psalm mit seiner meisterhaften Verflechtung von Natur und religiösen

Gefühlen ist das Schwedischste, was es gibt. Die Rektoren, die es untersagen, ihn zu Schuljahresende zu singen, gehören zu den Totengräbern der schwedischen Kultur und besitzen eine nicht umbuchbare Fahrkarte zur Hölle.

Den Psalm *Härlig är jorden* stehe ich ebenfalls nicht ohne Frosch im Hals und Tränen durch. Am ergreifendsten ist die Zeile „Geschlecht folgt auf Geschlecht ...", denn sie zeigt uns so deutlich den eigenen Platz in der natürlichen Ordnung auf. Alles wird dann viel leichter. So ist es für uns Schweden nun schon seit mehreren Jahrhunderten.

Ich habe nichts dagegen, unter einem weißen Kreuz in die Ewigkeit zu segeln – das ist mir jedenfalls lieber als die Hunde, Katzen, Golfschläger und Spielkarten, die heutzutage die Todesanzeigen zieren.

Am liebsten würde ich die Todesanzeige mit meiner Frau teilen. Ein frommer Wunsch.

82

WIR WOLLEN GESANG UND TANZ IN DEN SENIORENHEIMEN

Wer schon einmal mit seinen alten Eltern den kommunalen Pflegeparcours durchlaufen hat, hat vor allem das Vorhandensein von Alternativen vermisst. Wer erinnert sich nicht, wie das gesamte Personal rauchend im Pausenraum saß? Wenn man Kritik äußerte, wurde sie schlecht aufgenommen und die Gewerkschaft auf den Plan gerufen.

Nein, es gab wahrlich keine Garantie für Menschenwürde. Früher war nicht alles besser.

Auf solche Art wollen wir aus den 1940ern nicht erniedrigt werden. Wir wollen nicht am Arbeitsplatz des Personals wohnen, sondern der

Service soll zu uns nach Hause kommen. Ihre Vorschriften für die Gestaltung der Arbeitsumwelt dürfen nicht unsere Integrität bedrohen. Möchten wir Hunde oder Katzen halten, sollte es nicht unser Problem sein, wenn jemand vom Personal allergisch ist. Wir wollen nicht ewig Aquarienfische anstarren, die auf einem Bildschirm hin- und herschwimmen. Wir wollen lieber auf dem Computer „Grand Theft Auto V" spielen!

Unsere Generation stellte die ersten Teenager und wir sind es gewohnt, den Ton anzugeben. Der Rock'n'Roll verlieh uns eine Vitalität und Selbstständigkeit, die uns von früheren Generationen unterscheidet. Als wir im heiratsfähigen Alter waren, arbeiteten wir am „Millionenprogramm", dem gigantischen Beton-Monument unserer Generation, durch das innerhalb von zehn Jahren eine Million neue Wohnungen entstanden.

Aber nun sind wir weitergezogen. Wir werden nicht für Dinge dankbar und zufrieden sein, die einfach nur selbstverständlich sind. Wir möchten, dass auf unsere Interessen und individuellen Bedürfnisse Rücksicht genommen wird. Nicht jeder von uns will weben und tischlern, die einzigen erlaubten Hobbys in der kommunalen

Altenpflege. Nein, wir werden sowohl Wein-
probenrentner als auch Kifferrentner sein, also
aufgepasst!

Das Geld wird nicht reichen, warnen Politiker.
Doch die Gesellschaft bezahlt schließlich zehnmal so viel für den Unterhalt eines Gefängnis-
insassen wie für einen Rentner. Ein notorisch
Krimineller kostet die Gesellschaft während seines Lebens 80 Millionen Kronen. Wer hat das
beschlossen? Diese Frage sollten wir stellen,
wenn demnächst wieder jemand behauptet, dass
Rentner zu teuer sind.

83

ES IST NICHT SO LEICHT, EINEN RENTNER ZU SCHLAGEN

Die meisten von uns haben erkannt, dass wir noch viel Zeit haben und das Leben voller Möglichkeiten steckt. Das hat auch die Unterhaltungsindustrie mitbekommen, und deshalb gibt es jetzt eine Fernsehshow mit Namen „Kannst du einen Rentner schlagen?" In dieser Show messen sich 30- bis 40-jährige Couch-Potatos mit fitten Alten zwischen 70 und 80.

Natürlich brachen in den Medien Diskussionen darüber los, ob die Show für die jungen Dicken kränkend sei. Einige Experten waren dieser Meinung, die Dicken selbst jedoch nicht. Sie empfanden es vielmehr als motivierend, fitte, agile Rentner zu erleben und sahen sie als Vorbilder.

Also sollten wir uns aufrichten und die Knie durchdrücken. Es ist schön, auf seine alten Tage noch zum Vorbild zu werden.

Der Tod
und anderer
Kleinkram

84

AUGE IN AUGE MIT DEM TOD

Nur selten sehen wir dem Tod ins Auge. Als ich ein junger Mann war, war das Leben eine Selbstverständlichkeit und ich verschwendete keinen Gedanken an den Tod. Das hielt an, bis ich 38 war und mein Vater starb. Er litt an Alzheimer und darum hätte ich vorbereitet sein müssen, aber das war ich nicht.

Konfuzius, der chinesische Staatsmann und Weisheitslehrer, der im 6. Jahrhundert vor unserer Zeitrechnung lebte, drückte es folgendermaßen aus:

„Wie kann man den Tod verstehen, bevor man das Leben verstanden hat?"

Zwischen Leben und Tod verläuft die große Scheidelinie. Und die Grenze ist nur ein Atemzug. Deswegen sind wir nie gut genug vorbereitet. Das Herz schlägt aus alter Gewohnheit. Aber als seine Atmung endgültig aussetzte, war ich plötzlich allein im Krankenzimmer, und mein Vater war nicht mehr. Seine Seele hatte sich vom Körper gelöst und das Zimmer verlassen, ein Licht war gelöscht worden. Die Leere war fast greifbar.

Man sagt, wenn ein alter Mensch stirbt, ist es, als ob eine ganze Bibliothek verbrennt. Wenn der Tod zuschlägt, überwältigt uns das jedes Mal von Neuem. Er ist das Einzige, was die digital gestützte Zeitplanung moderner Menschen über den Haufen werfen kann. Plötzlich hat man keine Wahl.

> „Ja, du kommst am End',
> des bleichen Todes Moment."
> BIRGER SJÖBERG

Die Welt hält nicht inne, wenn ein Mensch stirbt. Wir stehen da wie gelähmt – und um uns herum geht alles weiter wie gehabt. Vor dem

Fenster, hinter dem mein toter Vater liegt, dreht der Parkplatzwächter des Krankenhauses seine Runde, und ich werde nervös. Das Leben besteht wahrlich aus Wichtigem und Nichtigem.

Unaufhörlich sterben alte Menschen und Kinder werden geboren. So soll es sein.

85

NICHTS IST SO BANAL
WIE DER TOD

Wohin wir auch gehen, wir bewegen uns auf den Tod zu. Wir haben gelebt, wir haben das Unsere getan, was auch immer das gewesen ist. Denn Erde sind wir und zu Erde müssen wir wieder werden. Unsere mittelalterlichen Kirchen in Schweden zeigen in bunten Kalkmalereien, häufig von Albertus Pictor aus dem 15. Jahrhundert, das sogenannte Rad des Lebens. Zuerst führt der Weg des jungen Menschen aufwärts, dann reitet er siegreich auf dem höchsten Punkt des Rads, aber schließlich kommt der unausweichliche Fall und am Ende wartet der Tod mit der Sense. Schon der biblische König David besaß einen Ring mit der Inschrift: „Alles vergeht". Der Ring symbolisiert die Ewigkeit: Er hat weder Anfang noch Ende.

Wir alle leben im Warteraum des Todes. Doch es ist immerhin ein Trost, dass wir damit nicht allein sind. Dennoch ist der Tod eine durch und durch individuelle Erfahrung, weil jeder von uns ganz allein durch seine Pforte treten muss. Für manch einen wird der Tod aber auch zur Eingangstür, weil er nach Hause zurückkehrt oder seine Lieben wiedersieht, die vor ihm gestorben sind. Bis der Tod uns vereint, wie man so sagt.

Mein Tod gehört mir, auch wenn Freud der Meinung war, dass im Grunde niemand an seinen eigenen Tod glaubt.

Hand aufs Herz, so ist es wohl. „Der Tod kommt ungeladen", lehrt ein altes Sprichwort.

Eins meiner Enkelkinder sagt: „Spinnen sind schlimmer als der Tod."

Willst du dich weiter mit dem Tod auseinandersetzen, findest du im Internet unter vielen Seiten, die sich dem Thema auf unterschiedliche Art widmen, bestimmt eine, die für dich passt.

86

NICHT JEDER SCHAFFT ES, DER WAHRHEIT INS AUGE ZU SEHEN

„Wir müssen *fast* alle sterben" – dahingehend musste der Hofprediger Ludwigs XIV. seine Aussage ändern, als er sah, wie der Gedanke, dass auch er eines Tages sterben müsse, den König aufbrachte.

Doch wir wissen es besser. „Wir alle müssen diesen Weg gehen, so lange wir leben und bei guter Gesundheit sind", wie man auf dem Land zu sagen pflegte.

Man muss das Leben nehmen, wie das Leben eben ist.

Wir, die wir unter der atomaren Bedrohung im Kalten Krieg aufgewachsen sind, kennen das unbehaglich nagende Gefühl, dass jederzeit alles vorbei sein könnte, dass wir alle auf einen Schlag tot sein könnten. Davon haben wir uns nie richtig erholt.

In der modernen Gesellschaft begegnen wir dem Tod oft in Form von Unterhaltung, in den Medien, in Krimis, in Filmen oder Videospielen. Meistens geht es dabei um einen schnellen, gewaltsamen Tod, fern von unserem eigenen, behüteten Leben. Der Unterhaltungs-Tod trifft uns meist völlig fremde Personen, die außerdem oft ziemlich unsympathische Schurken sind. Also los, macht sie fertig!

Leider ist Töten leichter, als man denkt. Einige Sommer lang habe ich gründlich unter den Nacktschnecken im Garten aufgeräumt. Das tue ich jetzt nicht mehr, denn vom vielen Töten kann einem ganz schwindlig werden.

87

DIE BESCHÄFTIGUNG MIT DEM TOD LÄSST DAS LEBEN SCHRUMPFEN

„Hodie mihi, cras tibi" – Heute ich, morgen du, steht auf alten Gräbern aus der Zeit, in der Schweden noch eine Großmacht war.

„Vanitas vanitatum!" – Alles ist eitel!, schallt es durch die Geschichte des Christentums.

Aber das Leben verrinnt, während wir uns mit dem Tod beschäftigen. Man sollte daher seine Zeit gut nutzen. Je mehr man gelebt hat, desto weniger schrecklich erscheint einem der Tod.

„Man soll so leben, dass man sich den Tod zum Freund macht … glaube ich, tralala", sagte Astrid Lindgren im Herbst ihres Lebens.

Und wir machen eine letzte Wende mit dem Segelboot bei Bokulla sten, als wir Åland und Skiftet hinter uns lassen, und segeln mit achterlichem Wind und mit der Sonne im Rücken durch den Vidskärsfjärden hinein in den schönsten Archipel der Welt, Skärgårdshavet oder Saaristomeri. Ich atme tief ein und lausche dem Wind. Jedes Mal kann das letzte Mal sein. So würde ich gern den letzten Tag meines Lebens verbringen.

„Sag nicht, dass nichts bleibt
von dem schönsten Schmetterling,
den das Leben uns gab.
Sag nicht, dass die Farbe der Flügel verblasst
und verschwindet im Wind wie Staub,
wie Staub.
Ist des Schmetterlings Körper verborgen
im Grab
bleibt uns dennoch sein schwindelnder Flug!"
BO SETTERLIND

88

WIR SIND FAST AM ZIEL

Wir aus den 1940er-Jahren haben ein verhältnismäßig gutes Leben gehabt und sind so alt geworden, dass wir eigentlich zufriedener sein und weniger Angst vor dem Tod haben müssten. Wir haben so viel erreicht und sind jetzt beinahe am Ziel.

Unser Problem ist aber ein anderes: Wir wollen zwar alle frei und unkonventionell sein, doch wie kann man den Tod vorurteilsfrei betrachten?

Ja, was haben wir vom Tod zu erwarten?

„Eine Welt, die nicht von dieser Welt ist", schrieb die polnische Nobelpreisträgerin Wislawa Szymborska in ihrer letzten Gedichtsammlung.

Das Erfreuliche am Tod ist, dass über die Toten meist gut gesprochen wird, während um die Lebenden die üble Nachrede Ringelreihen tanzt.

Immerhin etwas.

Am meisten Angst vor dem Tod hatte ich, als die Kinder noch klein waren. Aber jetzt haben beide ein gutes Leben und ihre eigenen Familien. Jetzt bin ich endlich zu alt, um jung zu sterben.

„Jetzt gehe ich vielleicht in das Große ein", waren 1553 Rabelais letzte Worte auf dem Sterbebett.

Oder wie ein Teenager zu mir sagte: „Der Tod ist wohl die ultimative Erfahrung?"

89

MAN BRAUCHT GLÜCK
BEI SEINEM TOD

Pflege und Tod gehören zusammen in unserer Gesellschaft, die den Tod zu einer Krankheit und einem medizinischen Spezialgebiet gemacht hat: Geriatrie und Palliativpflege. Wir klagen so oft über die Zustände in der Pflege, weil wir den Gedanken an den Tod verdrängen wollen. Aber weder die Gesellschaft noch das Personal kann sich persönlich um jeden Einzelnen kümmern. Die kalte Hand deiner Mutter kannst nur du selbst wärmen.

Viele Angehörige beschweren sich darüber, dass die Pflege ungerecht sei. Das stimmt. Glückliche Alte bekommen die bessere Pflege, so einfach ist das. Auch die Angehörigen des

Pflegepersonals sind Menschen, und die mögen nun einmal lebensfrohe Greise, von denen sie nach bestem Vermögen unterhalten werden. Meine Mutter war lange gut darin, gestresste Angestellte zum Lachen zu bringen. Sie kamen gern zu ihr. Das ist nicht gerecht, aber es ist menschlich.

90

ES IST WICHTIG, SICH HUMOR UND WÜRDE BIS ZULETZT ZU BEWAHREN

Wir sind es gewohnt, in Alternativen zu denken, aber zum Tod gibt es keine Alternativen. Dann ist es aus mit uns. Punkt. Wozu also weiter Energie an das Thema verschwenden? So oder so spielt unsere Meinung zum Tod keine Rolle, also können wir uns genauso gut zurücklehnen und darüber scherzen.

„Ich habe keine Angst vor dem Sterben. Ich möchte nur nicht dabei sein, wenn es passiert."

WOODY ALLEN

Es ist unsere Pflicht und Schuldigkeit, in Würde zu sterben, nicht zuletzt unseren Kindern zuliebe. Denk daran, dass das das Letzte ist, an was sie sich von uns erinnern werden. Dieses Bild wird von uns bleiben, also lasst uns das Beste daraus machen, soweit wir es beeinflussen können. Es ist nie zu spät, Haltung zu zeigen. Am besten übst du schon mal, wenn du das nächste Mal in der Notaufnahme eingeliefert wirst.

Am liebsten würde ich auschecken, bevor meinen Kindern Scheidungen, ernsthafte Krankheiten und andere Unglücke widerfahren. Je älter unsere Kinder werden, desto machtloser sind wir. Dann kommen die Nächte, in denen die Sterne kalt auf uns herunterblicken. Wir alle sind Kinder der Vergänglichkeit, die sich auf der Durchreise befinden.

91

ALLE STERBEN
ZU GUTER
LETZT

Wir müssen alles zurücklassen, was wir
während eines langen Lebens angesammelt
haben. Das macht vielen Menschen Angst. Ich
finde es eigentlich tröstlich, dass alle gestorben
sind, die vor uns gelebt haben.

Wenn sogar Jesus, Gottes Sohn, am Kreuz
sagt: „Mein Gott, warum hast du mich verlassen?", haben du und ich keinen Grund zur
Klage. Wenn alle sterben, brauchen nicht aus-
gerechnet wir uns besonders betroffen oder
benachteiligt zu fühlen.

Der Tod gehört ganz einfach zum Leben,
zum Ganzen, dazu. Durch ihn werden wir

vollständig. Erst dann weiß man, ob jemand ein gutes Leben geführt hat – alles in allem.

Alles, was wir sind, wird nach unserem Tod zerstreut und geht wieder in den Kreislauf der Natur ein. Wir alle atmen pausenlos die Luft, die all jene geatmet haben, die vor uns lebten. Als Teil der Natur sind wir in viel größerem Maß Teil von allen anderen Menschen, als wir normalerweise glauben. In diesem Gedanken finde ich sowohl Trost als auch Freude.

92

WORÜBER BEKLAGEN SICH STERBENDE AM MEISTEN?

Verschiedene Studien zeigen übereinstimmend, dass Menschen auf dem Sterbebett oftmals Folgendes bereuen:

„Warum habe ich so viel gearbeitet? Was hat mir das eigentlich gebracht?", ist die häufigste Klage sterbender Männer.

„Warum habe ich nicht so gelebt, wie ich es wollte. Warum habe ich mich so sehr von anderen beeinflussen lassen?", ist die häufigste Klage sterbender Frauen.

Und:

„Warum habe ich nie gesagt, was ich denke? Nicht einmal meine Familie weiß, wer ich wirklich bin."

„Warum habe ich so viele Freunde aus den Augen verloren? Was zwischen uns stand, waren doch oft nur Lappalien."

„Warum habe ich mein Leben nicht mehr genossen: meine Familie, meine Freunde, mein Geld?"

„Möge ich nicht vergebens gelebt haben", sagte Tycho Brahe, der dänische Astronom, der im 16. Jahrhundert lebte, auf seinem Sterbebett.

Glücklicherweise müssen wir das nicht selbst beurteilen.

93

VIELLEICHT BEENDET DER TOD DIE BEVÖLKERUNGS-EXPLOSION AUF SEINE ART?

Heute leben gut sieben Milliarden Menschen auf der Erde. Das sind viel zu viele und der Ressourcenverbrauch wächst unaufhörlich. Der Mensch stürzt sich wie ein Raubtier auf die Erde und verschlingt alles in seiner Reichweite. Und das geht schnell. Jede Woche nehmen die Chinesen ein neues Kohlekraftwerk in Betrieb – wider besseres Wissen. Es herrscht kein Zweifel darüber, dass sie auf ihr eigenes Ersticken hin-arbeiten – und unseres. Allein während unserer

Lebenszeit sind mehr als 50000 Pflanzen- und Tierarten ausgestorben.

Die Natur antwortet mit Überschwemmungen, Epidemien und anderen Katastrophen, eine schlimmer als die andere.

Schaffen wir es nicht, die Bevölkerungsexplosion zu stoppen, wird der Tod das für uns erledigen und die Menschheit wird womöglich aussterben. Sprechen wir das Verbotene doch aus! So gesehen ist es kein Nachteil, den größten Teil seines Lebens schon hinter sich zu haben.

Waldpflanzungen in Afrika und Asien sind lebenswichtig für alle auf der Erde. Das ist zumindest etwas, das wir während unserer Lebenszeit noch tun können. Wir haben zwar keine gemeinsame Zukunft, aber wir können immer noch die Gegenwart miteinander teilen.

94

IRGENDWANN MAG MAN NICHT MEHR AN DEN TOD DENKEN

Ein 90-Jähriger erzählte mir kürzlich: „Jeden Morgen beim Aufwachen bin ich erstaunt, dass ich noch da bin."

Jetzt zählen die Stunden und Tage. Was du tust, ist nicht mehr so wichtig, aber die Fähigkeit, zu genießen, ist es. Man darf nicht aufgeben, bevor es vorbei ist.

Wenn nur noch so wenig Zeit bleibt, kann man sich ja auch gar nicht langweilen.

Wenn man erst im richtig hohen Alter ist, ist das an sich schon ein Grund, stolz zu sein. Mein erster Schwiegervater wurde 90 und war bis zum Schluss sehr amüsant. Immer wenn jemand aus seiner Generation erwähnt wurde, gab er für uns eine kleine Vorstellung:

„Lebt der noch?", fragte er mit gespieltem Erstaunen.

Fast wie bei einem Wettkampf, wer der Stärkste ist.

Wenn wir über eine nette Essenseinladung sprachen, fragte er gern: „War ich dabei?"

Und wenn wir bejahten, fragte er:

„Habe ich mich gut amüsiert?"

Dann lachten wir alle und er war zufrieden.

Er war ein glücklicher Rentner. Er genoss sein Alter ganz offensichtlich und machte das Beste daraus.

95

„DER TOD IM TOPF"

Die Frage nach dem Tod lässt uns keine Ruhe. Ab und zu vergessen wir sie, doch werden wir ständig wieder daran erinnert. Je älter wir werden, desto öfter taucht sie auf.

Das erste Mal begegnete ich dem Tod im Kochtopf. Ich war drei oder vier Jahre alt, als meine Mutter plötzlich ausrief:

„Aber das ist ja der Tod im Topf!"

Mama kannte viele solcher Redewendungen, die ich für holländisch hielt, die jedoch auf die Bibel zurückgehen, in diesem Fall auf das zweite Buch der Könige. Was sie damit meinte – dass das Essen misslungen war –, verstand ich nicht, sondern ich sah nur den Tod vor mir, in einem Topf in unserer Küche im Norbyvägen in Uppsala.

Als ich das erste Mal über den Tod nachdachte, war ich ungefähr neun Jahre alt. Papa erzählte mir, wie er beinahe einen tödlichen Unfall gehabt hätte. Als ihm in einer Kurve ein großer Lastwagen entgegenkam, war sein Auto ins Schleudern geraten. Er rutschte auf die Gegenfahrbahn und der Laster donnerte hupend und mit kreischenden Bremsen vorbei.

„Hast du da an den Tod gedacht?", fragte ich.

„Nein, mein einziger Gedanke war: Wieso habe ich mit dem Rauchen aufgehört?", entgegnete er.

Diese Antwort verblüfft mich bis heute. In großen Momenten entstehen nicht automatisch auch große Gedanken, ganz im Gegenteil.

96

„MAN SOLL DAS LEBEN MEHR LIEBEN ALS DESSEN SINN"

Diese Worte stammen von Dostojewski, und genau davon handelt sein Werk. Im Leben geht es nicht nur um die Anzahl der zurückgelegten Jahre, sondern darum, was sie einem gegeben haben und was man an andere weitergeben kann. Es geht nicht nur um äußerlichen Erfolg, sondern auch um Lebensfreude und Gemeinschaft. Darum sollst du das Leben, das hinter dir liegt, ebenso lieben wie den heutigen Tag.

Die große Gnade, Gegenstand der Fürsorge anderer Menschen zu sein, erlebt man meist innerhalb der Familie. Deswegen müssen wir die Familie schützen.

Das gute Leben resultiert in etwas so Unmodernem wie Genügsamkeit. Man ist endlich zufrieden. Im eigenen Tempo gehen, mit den Händen auf dem Rücken, mit einem Lächeln auf den Lippen dasitzen und in die Ferne schauen, in Kontakt mit seinen inneren Quellen kommen – sich an seinem angestammten Tisch niederlassen, würden die Menschen in den Mittelmeerländern ergänzen.

97

WER STIRBT,
WIRD ES ERLEBEN

Schon viele Menschen haben von sogenannten Nahtoderfahrungen berichtet. Der Schriftsteller Artur Lundkvist lag nach einem Schlaganfall zwei Monate lang im Koma und konnte nach seinem Erwachen seine Eindrücke literarisch in dem Buch *Reisen im Traum und in der Fantasie* verarbeiten. Er beginnt seine Schilderung folgendermaßen:

„Ich weiß, dass ich mich die ganze Zeit fortbewege, anscheinend ohne Pause, aber auch ohne Lärm und Erschütterungen, lautlos sanft … das muss eine Traumreise sein, auf der ich mich befinde, die absolute Traumreise, auf der alles wirklich ist, aber alles wie von selbst geschieht, ohne dass ich es mir überhaupt wünschen muss."

Eine andere bemerkenswerte Beschreibung stammt von dem Journalisten Göran Skytte, der im Frühjahr 2012 einen schweren Schlaganfall erlitt: „Während der Stunden, in denen mir allmählich aufging, dass mein Leben in Gefahr war, spürte ich keine Unruhe, keine Angst … Ich fühlte keine Existenzangst, keine Todesangst. Stattdessen erlebte ich eine große Ruhe, einen inneren Frieden. Ich sah keine Dunkelheit, sondern Licht. Meine Angehörigen, die dort waren, berichten, dass ich Stille ausstrahlte."

Diese Erfahrungen lassen mich an der neuen Definition des Todes, das heißt dem Hirntod nach der Formel „unumkehrbarer Ausfall entscheidender Bereiche des Gehirns, obwohl das Herz noch schlägt", zweifeln. Welche Reaktionen im Gehirn könnte ein Messerstich in den noch lebendigen Körper auslösen? Die Seele ist unsichtbar und im Gehäuse des Körpers gefangen. Das sind wahrhaft schwierige Fragen und bis auf Weiteres lehne ich es ab, Organspender zu werden.

98

VIELLEICHT GIBT ES LICHT AM ENDE DES TUNNELS

Der schwedische Pharmakologe und Nobelpreisträger Arvid Carlsson hat in einer Radiosendung die neuesten Erkenntnisse der medizinischen Forschung erläutert, die belegen, dass noch ungefähr eine halbe Minute, nachdem das Herz stehen geblieben ist, ein ganzes Feuerwerk an elektrischer Aktivität zwischen den Nervenzellen im Gehirn stattfindet.

Er glaubt, dass uns das eine letzte ruhevolle Erfahrung von Licht und Grenzenlosigkeit schenkt, vielleicht von Ewigkeit.

Als ich das hörte, wurde ich von einem intensiven Glücksgefühl ergriffen und dachte an den Tod von Krümel in *Die Brüder Löwenherz*:

„Ja, Jonathan, ja, ich sehe das Licht! Ich sehe das Licht!"

Das bestätigt, dass tatsächlich im Augenblick des Todes etwas geschieht, was von den Hinterbliebenen oft so gedeutet wird, dass die Seele den Körper verlässt. Vielleicht sieht der Sterbende in diesem Moment das Leben in einem verklärenden Licht, um dann in die Ewigkeit einzugehen – aus der wir ja einmal gekommen sind. Wir können nur hoffen.

Steve Jobs letzte Worte auf dem Sterbebett waren natürlich: „Oh, wow! Oh, wow! Oh, wow!"

99

OHNE DEN TOD KOMMEN WIR NIE HIER WEG

Die Zeit ist wie ein Fluss in Richtung Tod. Ohne den Tod würde unserem Leben die ganze Dynamik abhandenkommen. Alles würde bis in alle Ewigkeit so weitergehen und es gäbe keinen Ausweg für uns.

Die Zeit ist der Windstoß, der die Blätter des Lebens zum Rascheln bringt, er kommt von außen in unser Leben und misst uns unsere Lebensspanne zu. Die Zeit erschafft sowohl Tragik als auch Tod, Schöpfung und Leben. Sie bläst uns ständig leicht in den Nacken. Und plötzlich ist es Abend.

100

VERGISS NICHT
DEINEN LETZTEN
WILLEN

„Wenn Gott mit dem Tod kommt, tritt der
Teufel mit den Erben ein", lautet ein altes
schwedisches Sprichwort. Wie alle Sprichwörter
bringt es uralte Erfahrungen auf den Punkt.

Die vielen Ehescheidungen in unserer Generation haben zu einer bis dato unbekannten Bedrohung geführt: den Kindern aus früheren Ehen
des Verstorbenen. Immer mehr Anzeigen von
Anwaltskanzleien und Steuerberatern tauchen
in den Zeitungen auf, die Schreckensszenarien
ausmalen von Witwen und Witwern, die Haus
und Hof verlieren, als Kinder aus früheren Ehen
plötzlich an die Tür klopfen.

Die Kinder sind jedoch nicht das eigentliche Problem. Das Problem ist, dass so wenige von uns sich rechtzeitig um ihr Testament oder die Vermögensaufteilung kümmern, damit alle Hinterbliebenen am Tag unseres Todes wissen, was Sache ist. So etwas bleibt einfach liegen. Ich weiß das, denn ich bin selbst ein Kind aus einer früheren Ehe.

Das Thema ist sowohl unangenehm als auch peinlich und die meisten scheuen bis zuletzt davor zurück. Hinzu kommt, dass Leute mit Durchschnittseinkommen das Testament nie als Teil ihrer Lebenswirklichkeit begriffen haben.

Nachdem ich dies geschrieben habe, werde ich endlich selbst mein Testament aufsetzen.

Summa
Summarum

101

ES GIBT GUTE GRÜNDE, ZU BEERDIGUNGEN ZU GEHEN

Früher ging ich nicht gern zu Beerdigungen. Mittlerweile kenne ich mehrere gute Gründe hinzugehen. Zum einen ist es wichtig, alten Freunden und Bekannten die letzte Ehre zu erweisen, denn darum geht es schließlich. Freude und Trauer begleiten einander durchs Leben, also lasst uns das jetzt ebenfalls tun.

Beerdigungen sind außerdem die einzigen gesellschaftlichen Ereignisse, zu denen wir Rentner noch eingeladen werden. Sie bieten uns die Möglichkeit, viele Menschen wiederzutreffen, zu denen wir im Laufe des Lebens den Kontakt verloren haben. Das kann ein ebenso fröhliches wie fruchtbares Wiedersehen werden.

Wenn sich die Reihen um uns lichten, können wir sie so mit wiederentdeckten Freunden auffüllen. Kürzlich waren wir noch von einem ziemlich großen Freundeskreis umgeben. Jetzt wird es immer einsamer um uns.

102

BEERDIGUNGEN KÖNNEN
DAS LEBENSGEFÜHL STEIGERN

Meine Frau stammt aus einer großen, lebhaften Familie. Bei einer Beerdigung in ihrer Verwandtschaft kam vor einigen Jahren der starke gemeinsame Wunsch auf, sich noch einmal zu treffen. Es wurde dann ein Cousinentreffen mit fast 100 Teilnehmern organisiert, das sehr gelungen war. Für meine Kinder war es ein Erlebnis, denn es stellte sich heraus, dass mehrere der anderen jungen Leute, die sie aus der Schule oder der Universität kannten, ihre Cousinen und Cousins zweiten Grades waren.

„Sind wir wirklich verwandt?"

Beerdigungen laden also zu einer Gemeinschaft ein, die das Lebensgefühl steigern kann.

Sie ermöglichen es dir auch, dir vorzustellen, dass du tot bist und von deinen Lieben betrauert wirst. Unerwartete Gefühle dürfen an die Oberfläche steigen. Außerdem ist es bei einer Beerdigung erlaubt, seinen Tränen freien Lauf zu lassen. Das kann sehr befreiend sein.

103

WIR SIND NICHT VERPFLICHTET, UNSER EIGENES BEGRÄBNIS ZU ORGANISIEREN

Viele Menschen machen sich Gedanken über ihre eigene Beerdigung und fragen sich, wie sie auf deren Gestaltung Einfluss nehmen können. Man ist ja gewissermaßen zum letzten Mal im Leben Gastgeber.

Die Wahrheit ist jedoch, dass man auf sein eigenes Begräbnis nur sehr eingeschränkt Einfluss nehmen kann oder sollte, in erster Linie, indem man mit den Kindern spricht, in zweiter, indem man ein Testament hinterlässt. Es ist Sache unserer Hinterbliebenen, unsere Beerdigung zu organisieren, und sie haben vielleicht ihre eigenen Vorstellungen, die durchaus von Belang sind. Schließlich sind sie es, die mit dem Grab und der Erinnerung weiterleben. Der ganze Clou daran, tot zu sein, ist ja, dass einem knifflige Fragen erspart bleiben.

Die Organisation der Beerdigung kannst du darum getrost deinen Hinterbliebenen überlassen. Ich werde allerdings niemals akzeptieren, dass sie zwei gekreuzte Golfschläger über meine Todesanzeige setzen – nicht über meine Leiche!

104

WO WILLST DU RUHEN?

Bei den heutigen verworrenen Familienverhältnissen ist die Wahl des Grabplatzes schwierig. Wo soll unser alter Vater liegen? Bei seiner dritten und letzten Frau oder bei seiner ersten, mit der er die Kinder hat? Die Witwe hat meist eine Meinung dazu, die Kinder eine andere. Das Einzige, worauf man sich einigen kann, ist, dass Ehefrau Nr. 2 eine richtige Hexe war.

In welcher Zeitung soll die Todesanzeige erscheinen? In unseren landesweit in Schweden erscheinenden Tageszeitungen „DN" und „Svenska Dagbladet" scheinen völlig unterschiedliche Menschen zu sterben. Und bloß keine Farbfotos! Als Tote wirken wir in gedämpfter Beleuchtung am besten.

Viele Schweden haben Familiengrabstellen in einem Heimatort, den sie schon vor Ewigkeiten verlassen haben. Das kann für die Hinterbliebenen, die zu diesem Ort keine Beziehung haben, Probleme aufwerfen. Ich habe deshalb meinen Kindern die Entscheidung überlassen, wo ihre Großmutter begraben werden sollte, damit sie den Kontakt nicht verlieren. Dann habe ich den Grabstein meiner Großeltern ebenfalls dahin überführt, sodass nun alle an einem Ort versammelt sind, zu dem meine Kinder eine lebendige Beziehung haben. Vielleicht werden sie uns eines Tages dort begraben, aber ich spreche das Thema nicht an. Vieles kann passieren. Ich freue mich jedoch, dass ich es ihnen ein wenig leichter gemacht habe.

105

DER LETZTE
UMZUG

Die Beerdigung ist sozusagen unser letzter
Umzug. Als Diplomat bin ich oft umgezogen
und bin es herzlich leid. Aber die schwierigsten
Umzüge waren die Auflösungen der Wohnungen
meines Vaters, meiner Stiefmutter und schließlich
meiner Mutter. Dabei waren so viele Gefühle im
Spiel.

Viele ältere Menschen verwenden jede
Menge Zeit darauf, ihre Sachen zu sortieren
und klar Schiff zu machen, während sie es noch
können. Das ist bewundernswert, aber auch ein
bisschen deprimierend. Gott sei Dank gibt es
kein Gesetz, das einem vorschreibt aufzuräu-

men, bevor man endgültig auscheckt. Ich hoffe nur, dass mein Erbe wertvoll genug ist, damit es meinen Kindern der Mühe wert ist, gut gelaunt auszumisten.

106

WILLST DU ETWAS
INS GRAB MITNEHMEN?

Immer mehr Menschen möchten persönliche
Gegenstände mit ins Grab nehmen, genau wie
die alten Ägypter. Das können Briefe und Fotos
sein, aber auch Lieblingshosen und anderes. Ich
kann verstehen, dass manche Menschen sich vor
der Einsamkeit da unten in der Erde fürchten,
denn man kann den Tod auf so viele verschiedene Arten sehen. Vielleicht sehen wir uns wieder,
vielleicht auch nicht, das weiß niemand.

Das bestärkt mich in meiner Überzeugung,
dass Verbrennen die beste Methode ist, das
Erdenleben zu beschließen. Dabei steigen
ja die meisten Atome, die einmal du und ich

gewesen sind, als Rauchsäule in die Luft, um sich mit anderen Atomen im blauen Himmel zu vereinigen. Ein kleiner Rest bleibt irgendwo als Bodenverbesserer übrig. Ich finde, das sind tröstliche Gedanken.

> „Einmal wirst du zu denen gehören,
> die vor langer Zeit gelebt haben.
> Die Erde wird sich an dich erinnern,
> wie sie sich an das Gras und
> die Wälder erinnert,
> ans vermoderte Laub.
> Wie das Erdreich sich erinnert
> und die Berge der Winde gedenken.
> Dein Frieden soll unendlich sein
> wie das Meer."
> PÄR LAGERKVIST

107

EIN LETZTER GRUSS

Einige möchten einen Gruß von der anderen Seite schicken, von den Toten an die Lebenden. Unser Nachbar in Kivik, Fritiof Nilsson Piraten, wollte unbedingt so eine Botschaft hinterlassen. Er ließ darum folgende Worte in seinen Grabstein auf dem Friedhof in Ravlunda einmeißeln: „Hier liegt die Asche eines Mannes, der die Gewohnheit hatte, alles auf den nächsten Tag zu verschieben. Doch erfuhr er Besserung auf seinem Sterbebett und starb wirklich am 31. Januar 1972."

Ein Testament ist auch ein Gruß, um nicht zu sagen ein Befehl des Toten. Mein Rat lautet, schon jetzt deine Erben zumindest ungefähr wissen zu lassen, was es beinhaltet. Sonst kann das Testament für einige ein Schock sein und zu Streitigkeiten zwischen deinen Hinterbliebenen führen.

Folgendes wollte der große englische Dichter Keats auf seinem Grabstein in Rom stehen haben: „Hier liegt ein Mann, dessen Name in Wasser geschrieben war." Der französische Schriftsteller Stendhal wählte folgenden Text, mit dem ich mich gut identifizieren kann: „Ich liebte, ich schrieb, ich lebte." Der Vorschlag des amerikanischen Schriftstellers Kurt Vonnegut ist auch nicht schlecht: „Hab ich es nicht gesagt?" Jetzt ist er tot. Ich frage mich, ob es so kam, wie er es sich gewünscht hatte. Man kann sich nicht immer auf seine Hinterbliebenen verlassen.

Unsere dänischen Nachbarn sind meist ein bisschen erfindungsreicher, und das gilt auch für ihre Gräber. Folgende Inschrift stammt von einem Grab auf Seeland: „Das war's."

Um eins können wir den Toten jedenfalls beneiden. Er weiß, wie es läuft.

108

VIELE WOLLEN BEI IHRER EIGENEN BEERDIGUNG DABEI SEIN

Manchmal liest jemand bei einer Beerdigung einen Gruß des Verstorbenen vor. Wird das auf die richtige Art und Weise gemacht, kann es ein schönes Erlebnis sein. Aber es verlangt viel von dem Toten, also überleg es dir gut. Als Toter solltest du keine Diskussion anzetteln. Außerdem kannst du dich nicht verteidigen.

Manchmal treibt der Gedanke an die eigene Beerdigung seltsame Blüten. Viele grübeln darüber nach, wer wohl zu ihrem Begräbnis kommen wird und wer sich eventuell „drückt".

„Ich gehe nicht zu seiner Beerdigung. Jetzt kann er ja nicht mehr zu meiner kommen."

„Ich gehe nicht zu ihrer Beerdigung. Sie ist ja nicht zu meiner gekommen."

Beide Versionen habe ich schon gehört.

Je älter wir werden, desto kleiner wird zwangsläufig das Begräbnis. Vielleicht ist es ein Ausdruck göttlicher Gerechtigkeit, dass der, der früh stirbt, ein größeres Begräbnis bekommt? Das Lebenswerk ist dann noch nicht abgeschlossen und der Verlust daher größer. Für die Betroffenen ist diese Sichtweise allerdings viel zu rational.

Eine bessere Alternative ist es, selbst nette Feiern zu veranstalten, zum 80. und 85., 90. und 95. Geburtstag. Schreib „Großes Finale" oder „Finissage" auf die Einladungskarte sowie „Keine Geschenke. Nur Reden."

Dann hörst du die ganzen schönen Reden, während du noch lebst.

109

AM ENDE SIND WIR ALLE GESCHICHTE

Mit jedem Menschen, der stirbt, stirbt auch die lebendige Erinnerung an Vergangenes. Wie die Ebbe am Strand zieht sich die Erinnerung zurück und wird erst viele Jahrzehnte später durch die Geschichtsschreibung ersetzt, aufgezeichnet von Menschen, die unsere verlorene Welt nicht erlebt haben.

Am Ende sind wir alle Geschichte, zumindest eine Zahl in einer Sterblichkeitsstatistik.

Unterdessen plane ich unbeirrt mein nächstes Buch, mein letztes oder mein allerletztes, das weiß ich nicht so genau.

Das Leben ist voller Möglichkeiten. Das Beste ist noch ungetan.

Viel Glück für den Rest deines Lebens!